我为什么要写
《中国“三农”调查》

童禅福 编著

浙江工商大學出版社
ZHEJIANG GONGSHANG UNIVERSITY PRESS
·杭州·

图书在版编目(CIP)数据

我为什么要写《中国“三农”调查》/ 童禅福编著.—杭州:浙江工商大学出版社,2020.10

ISBN 978-7-5178-4119-7

Ⅰ. ①我… Ⅱ. ①童… Ⅲ. ①三农问题-研究-中国 Ⅳ. ①F32

中国版本图书馆 CIP 数据核字(2020)第 178325 号

我为什么要写《中国“三农”调查》

WO WEISHENME YAO XIE ZHONGGUO SANNONG DIAOCHA

童禅福 编著

责任编辑 张晶晶
责任校对 何小玲
封面设计 周晓丽
责任印制 包建辉
出版发行 浙江工商大学出版社
(杭州市教工路 198 号 邮政编码 310012)
(E-mail:zjgsupress@163.com)
(网址:http://www. zjgsupress.com)
电话:0571-88904980,88831806(传真)
排　　版 浙江民振印务有限公司
印　　刷 浙江民振印务有限公司
开　　本 710mm×1000mm 1/16
印　　张 11.75
字　　数 114 千
版 印 次 2020 年 10 月第 1 版 2020 年 10 月第 1 次印刷
书　　号 978-7-5178-4119-7
定　　价 68.00 元

要把好乡村振兴战略的政治方向，坚持农村土地集体所有制性质，发展新型集体经济，走共同富裕道路。

——2018年9月21日习近平在中共中央政治局第八次集体学习时的讲话

习近平指出，要抓住实施乡村振兴战略的重大机遇，坚持农业农村优先发展，夯实农业基础地位，深化农村改革。……要突出抓好家庭农场和农民合作社两类农业经营主体发展，推进适度规模经营，深化农村集体产权制度改革，发展壮大新型集体经济。

——新华社2020年7月24日习近平总书记吉林考察报道

自　序

我来自农村，大学学农，从校门迈入社会后，虽然工作多次变动，但社会调查始终伴随着我工作的全过程：在农村50年的体验察访，对中华人民共和国成立后70年农村历史大变革的追寻和思考。在走访近千个村落，踏访近万户农家后，我用“脚”跑出了《走进新时代的乡村振兴道路——中国“三农”调查》。在该书的序言开头，我写道：社会发展的阶段性是历史唯物主义的基本规律之一；20世纪七八十年代的中国农村全面推行的土地家庭承包责任制是亿万农民的呼唤和时代的选择；在习近平新时代中国特色社会主义思想指引下，建立以新集体经济为主体、多种经济成分并存的社会主义乡村新社区，是新时代中国通向共同富裕的历史必然和发展趋势。

由于职业的原因，我下农村调研的机会是比较多的，对农业、农村和农民应当说是了解的，对“三农”也有很深的情感，为“三农”写了不少新闻报道和内参。1986年撰写的《磐安县前山乡高石溪村调查报告》，在全国范围内最早提出了“走下山脱贫之路”的建议。2010年2月撰写的《我国中小城市户籍制度改革的难点和思考》，在全国最早提出了“农民享受的经济权利与户籍实行分离，农民户口不论迁往何处，农民依然享有承包地和宅基地长期不变的待遇”的建议。2010 年 8 月撰写的《我国“三农”问题和就地就近城镇化——浙江省长兴县快速推进城镇化引发的思考》中，提出了“中国必须走就地就近城镇化的道路”的建议。直到 2015 年初浙江省文史研究馆组织调研组对兰溪市农村文化建设进行系统的调研，我才终于发现“三农”问题的根子在于土地的经营模式，我执笔撰写的《历史大变局下农村新集体经济的调研报告》在国务院参事室和中央文史研究馆主办的内刊《国是咨询》上加“编者按”全文刊发了。

我认为自己是一个乐于“谋事参事”的人，当然所谋所参者许多也“成事”了。我曾写过 200 多篇调研报告，获省部级以上领导批示就超过 100 人次，习近平、胡锦涛、温家宝、李强、袁家军等中央和省部级领导都曾在我撰写的调研报告上做出过批示。有的调研报告为高层领导决策提供了依据，有的甚至形成党委、政府的文件下发，有的帮助省委、省政府解决了难题，还有的反映社情民意的调研报告为平民百姓解决了困难。经过 50 年的调研，中华人民共和国成立 70 年来农村发生的巨大变化引发了我的思考，并促成我写出了《走进新时代的乡村振兴道路——中国“三农”调查》。党的十九大结束不久，人民出版社在 2018 年初就重点推出了这部书，其目的就是为党中央确立的“乡村振兴战略”加大推力。不久后，我又编写了《实行土地合作与联合　发展新型集体经济》的内参，人民日报社在 2018 年 12 月底编发了，国务院参事室在 2019 年 1 月初也编发了。

2020年7月22日下午在吉林省梨树县康平街道八里庙村卢伟农机农民专业合作社现场调研会上，社员们的一番话感动了习近平总书记："把地交给合作社放心，比我们个人种得好。""一年分红8000多元，逢年过节合作社还给大家分豆油、白面，发福利。""我在合作社当农机手，每月领固定工资。""我得空在家里种种菜，还能去市场上换个零花钱。""我平时在外打工搞室内装修，一年收入4万多""我养了10多头牛，一年收入七八万呢。"习近平总书记在听取了农民们的这番激情发言后，十分高兴地说："厉害啊！土地流转了，大家腾出手来了，可以在合作社工作，也可以搞些副业，多渠道增加收入。你们的探索很有意义……"接着又说："农业合作社的道路怎么走，我们一直在探索。在奔向农业现代化的过程中，合作社是市场条件下农民自愿的组织形式，也是高效率、高效益的组织形式。国家会继续支持你们走好农业合作化的道路，同时要鼓励全国各地因地制宜发展合作社，探索更多专业合作社发展的路子来。"这说明我在《走进新时代的乡村振兴道路——中国"三农"调查》一书中提出的"在习近平新时代中国特色社会主义思想指引下，建立以新集体经济为主体、多种经济成分并存的社会主义乡村新社区是新时代中国通向共同富裕的历史必然和发展趋势"的判断，完全契合习近平总书记的"三农"思想。这本书也引起了不小的社会反响，为此，我把有关报道、文章收集起来汇编成书，其意也是为继续实现土地的合作与联合，发展合作社，为夺取脱贫攻坚战全面胜利、全面建成小康社会，为振兴乡村这场在全国轰轰烈烈的烈火添一把柴。

目　录
CONTENTS

三　新书作者与内参

四　新书作者的话

人民出版社编者审读推荐语

书稿主要内容

《走进新时代的乡村振兴道路——中国“三农”调查》是童禅福研究中国“三农”问题和乡村振兴道路的专著，共计 31 万字左右。在加速推进工业化、城镇化和城乡一体化的进程中，“三农”问题逐渐凸显。从此，农村出现了“空壳村”问题，农民工问题，留守儿童问题，土地抛荒、土地碎片化和农村养老等问题。作者实地走访调查了中国具有代表性的农村，选择华北平原的河南、河北、天津，以及东南沿海的浙江等地的 8 村 1 乡作为考察重点，从中华人民共和国成立初期的土地改革，到互助组、初级社、高级社、人民公社，到党的十一届三中全会后全国推广土地家庭联产承包责任制，再到目前一些农村党支部书记带领村民进行土地适度集中，发展乡镇企业，壮大集体经济实力，实现没有暴发户没有贫困户、家家都是富裕户的社会主义乡村新社区。以 8 村 1 乡为标本，从 1949 年到 2017 年，时间长达近 70 年。从这几个乡村标本的半个多世纪经济社会发展和变迁中，运用马克思主义政治经济学的立场、观点和方法，进行概括、提炼，总结出一条以新集体经济为主体的农村共同富裕之路。

书稿特色

书稿文字干净，特色鲜明。

▲以事实为依据，数据翔实。作者作为一名资深记者、政府参事、研究馆馆员，用半个多世纪的时间走访了河南、河北、天津、江西和浙江等地的近千个农村。重点关注 8 村 1 乡经济、社会和文化发展的历史变迁。通过走访普通农户和基层党组织，实地调查了这些乡村近 70 年来在生产力、生产关系（土地政策的调整）上的变化。以大量第一手资料和原始凭证鲜活地展示了党的十一届三中全会，特别是实行家庭联产承包责任制，极大地调动了广大农民的生产积极性，解放了农村生产力后，我国农村发生的翻天覆地的变化。经过 40 年的发展，我国农村生产力面临一些新的问题和困境。如何解决这些问题、摆脱这些困境？作者进行了深入研究、思考，实事求是地提出了一些解决方案。

▲文字流畅，思想深刻。书稿文风朴实，语句通顺，行文流畅。作者农民出身，1965 年考上大学，始终心系农村父老乡亲；作为一位资深记者，并且在几届浙江省委领导身边工作过，作者始终关注农业、农村和农民问题。书稿的字里行间，无时无刻不流露出作者对农村 9 亿农民脱贫致富、共同富裕、

乡村振兴的关切。本来，“三农”问题枯燥无味，然而，本书稿读来却有思想有温度有深度。没有对中国农民的深厚感情，没有对中国农村振兴的使命感、责任感，就不会50多年如一日，始终关注研究“三农”问题；没有一定的理论功底，就可能淹没在大量的数据当中，就不能得出令人信服的结论。

▲对破解“三农”难题提出富有启发性的意见和措施，可操作性强。作者有立场、有理论、有方法。作为中华人民共和国农村改革的亲历者，他既能深入其中，又能跳出来深入思考，对近70年来我国农村政策的变迁，颁布的历史背景，以及对解决当时的农村经济、社会、文化等问题的积极作用及弊端都能进行客观科学的考察，并得出科学结论。土地制度是国家基础性制度，土地问题是解决农村社会所有问题的根本，我国农村土地制度经过近70年的大变革，生产关系有了全面调整，生产力取得巨大进步。目前，农村的生产力面临又一次解放的前夜，如何打脱贫攻坚战，如何建全面小康社会，如何振兴乡村，如何走新集体经济道路，如何带领农民走上共同致富的道路，书稿中都有翔实的阐述。这也是摆在各级政府部门面前的巨大课题。

2018年1月26日

一　新书发布与赠书

人民出版社2018年3月出版了《走进新时代的乡村振兴道路——中国“三农”调查》一书，当年4月13日，由人民出版社、农民日报社、中国出版传媒商报社主办，中共天津市西青区委宣传部、天津广播电视台农村广播、西青区李七庄街王兰庄村承办，农民日报天津记者站、中国出版传媒商报天津记者站、天津市西青区新闻中心、李七庄街道办事处协办的新书新闻发布会，在西青区王兰庄村成功举行。人民出版社副总编辑陈鹏鸣在致辞中指出：“《走进新时代的乡村振兴道路——中国‘三农’调查》这部专著是我社在党的十九大提出乡村振兴战略之后出版的一部重要‘三农’著作，我相信这部专著一定会助力于我国乡村振兴战略的实现。”会上，人民出版社向天津市100个农家书屋赠送了《走进新时代的乡村振兴道路——中国“三农”调查》一书。中共天津市委宣传部副部长石刚、人民出版社副总编陈鹏鸣和该书作者童禅福一同参加了赠送仪式。

中共天津市西青区委常委、宣传部长李桂强致辞

中国乡村振兴之路会越走越宽广

仲春时节的西青，绿树如茵，百花吐艳，杨柳依依。在这个美好的季节里，各位嘉宾在我们王兰庄集团会聚一堂，出席《走进新时代的乡村振兴道路——中国“三农”调查》新书发布会。首先，我谨代表西青区委宣传部，对各位嘉宾的到来表示诚挚的欢迎！对新书的发布表示热烈的祝贺！

《走进新时代的乡村振兴道路——中国“三农”调查》的发布，对于广大农村、广大农民，对于广大的城镇乡村来说，都是一件意义深远的事情。

农村、农业和农民的出路问题，是关系国计民生的根本性问题，也牵动着亿万人民的心。习近平总书记在党的十九大报告中指出，必须始终把解决好“三农”问题作为全党工作的重中之重。农业强不强、农村美不美、农民富不富，决定着我国全面小康社会的成色和社会主义现代化的质量。中国要强，农业必须强；中国要美，农村必须美；中国要富，农民必须富。总书记在前不久参加十三届全国人大一次会议山东代表团审议时强调，要深刻认识实施乡村振兴战略的重要性和必要性，扎

扎实实把乡村振兴战略实施好。实施乡村振兴战略是一篇大文章，要统筹谋划，科学推进。

破解乡村振兴难题，路在何方？今天我们非常有幸地看到了童禅福同志所著的《走进新时代的乡村振兴道路——中国“三农”调查》一书。这本厚重的书对乡村振兴路径进行了非常有益的探索，使我们看到了乡村振兴的广阔前景和希望。

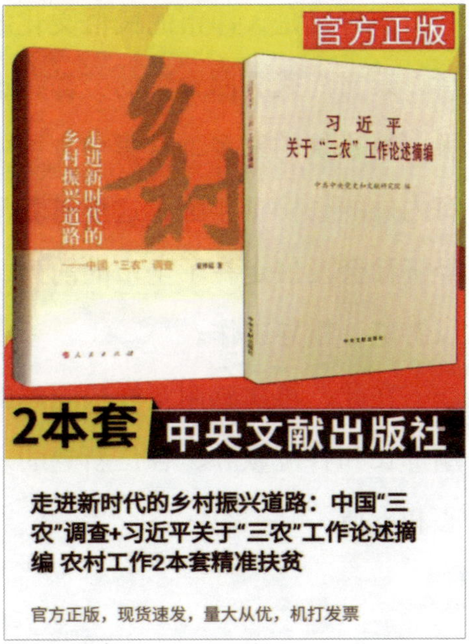

京东、当当等网购平台将《习近平关于“三农”工作论述摘编》和《走进新进代的乡村振兴道路——中国“三农”调查》两部书作为乡村工作套装书出售

童禅福同志始终扎根农村，与农民同呼吸共命运心连心，将自己的心血都用在关注“三农”问题上，关注乡村振兴上，做了大量的调研，足迹遍及大江南北千村万户，撰写了这部对乡村振兴具有重要实证意义的巨著。

今天，我们脚下这片土地就是王兰庄村，也是童先生书中所列举的一个乡村振兴的样本，王兰庄的探索实践，也为我国乡村振兴战略添加了一个生动的注脚。我们有理由相信，中国的乡村振兴之路一定会越走越宽。

西青区是天津市的民俗文化旅游区，享有“近代中国看天津，崇文尚武看西青”的美誉，这里是著名的爱国武术家霍元甲、韩慕侠的家乡，这里孕育了中国四大木版年画之一、享誉海内外的杨柳青年画，这里有着深厚的历史文化底蕴，这里的经济社会发展走在了全市的前列，欢迎各位朋友经常来西青采风游览，指导工作。

在此，再次感谢童禅福同志的呕血付出，同时再次感谢石刚部长和各位领导、各位新老朋友长久以来对西青区发展的关心和支持。

李桂强

人民出版社副总编辑陈鹏鸣致辞

一部有思想有温度有深度的实践理论著作

很高兴在天津市西青区王兰庄村举办这次活动，“百闻不如一见”，我早就听说郭宝印书记带领王兰庄村致富的感人事迹，昨晚我们来到村里，早晨又看了看村容村貌，感觉咱们村正像党的十九大报告中所描绘的“乡村振兴战略”那样，真正是“产业兴旺、生态宜居、乡风文明、治理有效、生活富裕”。我生在农村，长在农村，到了咱们村里，竟然不觉得这里是农村。要是全中国的农村发展得都像咱们王兰庄村一样，我想中华民族伟大复兴的中国梦也就实现了。

伴随着我国工业化、城镇化的快速推进，部分农村地区出现了农民工问题，留守儿童问题，“空壳村”问题，土地抛荒、土地碎片化和农村养老等问题。党中央高度重视“三农”工作，党的十九大报告明确提出乡村振兴战略。今年中央一号文件就是《中共中央、国务院关于实施乡村振兴战略的意见》。

童禅福同志多年来一直关心并研究我国的“三农”问题，我社新近出版的《走进新时代的乡村振兴道路——中国“三农”调查》是他研究中国“三农”问题和乡村振兴道路的又一部专著。童禅福同志持续多年实地调查走访了中国具有代表性的农村，选择了华北平原的河南、河北、天津，以及东南沿海的浙江等地的8村1乡作为考察重点，运用马克思主义政治经济学的立场、观点和方法，系统研究了从中华人民共和国成立初期的土地改革，到互助组、初级社、高级社、人民公社，到党的十一届三中全会后全国推广的土地家庭联产承包责任制，再到目前一些农村党支部书记带领村民进行土地适度集中，发展乡镇企业，壮大集体经济实力，实现没有暴发户没有贫困户，家家都是富裕户的社会主义新农村，探索出一条以新集体经济为主体的农村共同富裕之路。

由于工作的关系，在发稿阶段我就拜读过本书。拜读之后，我认为，本书的特点可以用童禅福同志姓名的谐音来概括，这三个字就是：懂得的懂、阐述的阐、幸福的福。

第一个字是“懂”。童禅福同志是真正懂得我国“三农”问题的专家，作为一名资深记者，作为浙江省人民政府参事、浙江省文史研究馆馆员，作者几十年如一日，凭着对“三农”深刻的理解和深厚的感情，足迹遍及大江南北千村万户，真正把基层“跑遍、跑深、跑透”。重点走访考察了8村1乡的经济、社会和文化发展的历史变迁。通过走访普通农户和基层党组织，实地调查了这些乡村近70年来的变化。以大量第一手资料和原始凭证鲜活地展示了党的十一届三中全会，特别是实行家庭联产承包责任制，极大地调动了广大农民的生产积极性，解放了农村生产力后，我国农村发生的翻天覆地的变化。经过 40 年的发展，我国农村还面临哪些问题和困境，如何解决这些问题、摆脱这些困境，作者进行了深入研究、思考，实事求是地提出了一些解决方案。

第二个字是“阐”。童禅福同志以流畅的文字，阐释了“三农”问题的根子在土地。作者农民出身，始终心系农村父老乡亲。作为一名曾在几届浙江省委领导身边工作过的资深记者，童禅福同志始终关注农业、农村和农民问题。党的十一届三中全会后开始实行的家庭联产承包责任制，解决了当时 9 亿农民的温饱问题，使农民逐渐走上小康道路。但单家独户经营那“一亩三分承包地”，很难推进农业新型现代化，制约了集体经济的发展，导致一些农村集体出现“空壳”现象。8 村 1 乡走以新集体经济为主体的社会主义乡村新社区的新路，实现了共同富裕。本书字里行间，无时无刻不流露出作者对农村 9 亿农民脱贫致富、共同富裕，以及乡村振兴的关切。本书文风朴实、行文流畅。本来“三农”问题枯燥无味，然而，本书读来却让人感到津津有味。没有对中国农民的深厚感情，没有对中国乡村振兴的使命感、责任感，就不可能写出这样有思想有温度有深度的理论著作来，更不可能得出令人信服的结论。

第三个字是“福”。本书就解决我国“三农”问题提出许多富有启发性的意见和措施，可操作性强，是“三农”之福。作为我国农村改革的亲历者和见证者，童禅福同志对近 70 年来我国农村政策的变迁，颁布的历史背景，以及对解决当时的农村经济、社会、文化等问题的积极作用及弊端都能进行客观科学的考察，并得出科学结论。作者既能深入其中，又能跳出来深入思考。当前，我国农村的生产力面临又一次解放的前夜，如何振兴乡村，如何走新集体经济道路带领农民共同致富，是摆在我们面前的重大课题。本书的出版，相信一定能给读者提供有益的参考。“好雨知时节，当春乃发生。”童禅福同志这部专著是我社在党的十九大提出乡村振兴战略之后出版的一部重要“三农”著作，出版正逢其时，我相信，这部专著也能像今天的这场春雨一样，“随风潜入夜，润物细无声”，助力于我国乡村振兴战略的实现。

人民出版社是党和国家最重要的政治性公益性出版单位，始建于 1921 年 9 月 1 日，是中国共产党成立的第一家自己的出版社，与党同龄。97 年来，人民出版社一直与党同行，也始终与党同心。“为人民出好书”是我社始终不变的出版宗旨。感谢童禅福同志将这本好书交给我社出版。接下来，我社要全力做好本书的宣传与发行工作，让更多的读者知道本书，阅读本书，充分发挥本书的社会效益。我相信，只要认真阅读，每位读者就一定能从书中汲取力量，为实施乡村振兴战略、全面建成小康社会奉献出更多才华。让我们共同关心农业、关怀农村、关爱农民，也关注《走进新时代的乡村振兴道路——中国“三农”调查》这本专著。

陈鹏鸣

新书作者童禅福讲述创作体会

寻访共同富裕的村落

去年8月15日我送书稿到人民出版社，短短7个月时间，《走进新时代的乡村振兴道路——中国“三农”调查》正式出版了，这是我一生中办的最大的一件事。当然，我要真诚感谢人民出版社。当时，我去送书稿，那是我一生中第一次踏进人民出版社的大门，内心真是忐忑不安，这部书稿人民出版社若不接的话，我估计全国没有一家出版社肯出版，那我多年的努力将付诸东流，一叠书稿将成为一堆废纸；但崔继新主任接下了，黄书元社长跟我签了合同。我要深深感谢崔主任，深深感谢黄社长，今天人民出版社副总编辑陈鹏鸣专程赶到天津参加新书发布会，我也是很感激的，当然孔欢等编辑也花了很大的心血，我也是十分感激的。还有今天到会的中国出版传媒商报社社长伍旭升、农民日报社编委汪泽农、中共天津市委宣传部副部长石刚及西青区委宣传部部长李桂强，你们百忙中来参加我这本《走进新时代的乡村振兴道路——中国“三农”调查》新书的发布，我深深谢谢大家。

20世纪60年代初期，我国经济进入全面整顿、恢复、发展时期。我是这一时期的受益者，当时，我和弟妹三人分别就读于高中、初中、小学。因父母被血吸虫病缠身，我们欠生产队的债越积越多，到我考取大学的1965年，欠的债务已超过400元了。那时这是一个很大的数字呀。是乡村里的集体经济给我创造了继续上学的条件，如果不是集体经济的相助，且不说我能否读到高中毕业、考上大学成为当年开化县仅有的7名大学生之一，可能早就在家务农挣工分了。我要感谢村里的父老乡亲，更要感谢当时土地集体所有的农业集体化制度。因此我在聆听习近平总书记所作党的十九大报告时，当听到习总书记讲到“壮大集体经济”几个字时，我情不自禁地鼓起了掌。

20世纪70年代初期，我大学毕业来到“七山一水二分田”的浙西常山县，拿起笔采写新闻，当起了记者。当时刚过立冬，常山港两岸沙土丘陵层层叠叠，橘林密布，绿叶墨翠，红橙衢橘，挂满枝头，传承千年，常山一景。据当地橘农说，因常山江边的小气候，这里孕育出的衢橘，尤其是五里、象湖

作者童禅福在江西资溪县农村调研　韩香云/摄

一带，橘头剪得再短，还留着两瓣叶，这种橘吃起来特别有橘味，也特别鲜甜。常山不仅是橘乡，更是我国的油茶之乡。这里，峰峦苍苍，溪水泱泱，山高水长，青翠茶香。油茶，尽吸天地之灵气、幽谷之精华，深得雨露滋润，绵长而深厚，油茶籽榨出的油有食用油之冠的美称。当时，常山漫山遍野的油茶林，油茶花盛开如冬雪一般盖满树冠，在初冬的阳光下，花瓣闪亮，白透有光，束束花蕊，金黄透红。如遇上毛毛细雨，走进油茶林，那一颗颗油光光红彤彤的茶果躲缩在一朵朵茶花下，微风吹动，如同小猴依偎在母猴怀中撒娇，特别是那细细雨点飘落在花瓣上，再聚集成大滴雨点滴落在熟透的茶果上，在茶果上一滑就滴落回归大地。这一全过程，犹似油茶花开、结果一年的速成展示。繁花怒放，枝叶茂盛，硕果累累，花与果同期，成为油茶树一大奇观。

但就是在这样富饶的土地上，在那“宁要社会主义草、不要资本主义苗”的怪时代，肥沃的土地上庄稼就是长不好，弄得每个工分值只有二三分钱，也就是一个正劳力辛苦劳动一天也只能挣到二三角钱。安徽省小岗村 18 户农户按下生死状的大红手印，把生产队的土地承包到户了。1980 年冬天，五里村的干部群众也学习小岗村的做法，壮着胆把全村的土地包到农家耕种了。事情也真奇，割资本主义尾巴，割得人越干越懒，田越种越瘦。五里村当时 461 户 1500 多人，是常山县一个大古村落，但这里的农民对土地的情感却越来越淡薄，人均口粮不足 300 斤。有一年，人均口粮只有 201 斤，人均年收入只有三四十元。还有一年，每 10 个工分只有 9 分钱。1978 年前后几年，每年有 1200 多人次外出讨饭。土地承包到户后，人变勤田变肥，1981 年五里村粮食总产量达到 126 万斤，比 1980 年增长 54%，人均口粮达到 510 斤，全村无一人外出讨饭。我采写的长篇通讯《五里翻身记》在《金华日报》刊发后，时任金华地委书记的厉德馨抓住这个典型，在金华地区刮起了五里风，1982 年土地家庭联产承包责任制在金华地区如同钱江潮般汹涌蓬勃地全面推开了。

土地家庭联产承包责任制的伟大成功，彻底解决了农民的温饱问题，是农村治穷的一剂良方。但在常山 10 多年的记者生涯中，我几乎跑遍了 340 多个大队，却没有找到一个家家都富裕的村落。随后，在加速工业化、推进城乡一体化的进程中，农民大量离开土地，进城打工了。单家独户的土地经营模式已难以推进新时代的农业现代化，“三农”问题也由此凸显出来。我探访了华北的河南、河北、天津和东南沿海三省一市的农村，选择了刘庄等 8 村 1 乡及江西、贵州、安徽等省的农村，对 2 种不同土地经营模式的村落经济、政治、文化等进行调查剖析，寻找共同富裕的根本。

在刘庄等 8 村 1 乡，农民们几乎都住上了整齐划一的小别墅或排屋，每个村庄几乎都是“村在景中、景在村中”的都市化新农村。河南省新乡县刘庄村、浙江省宁波市奉化区滕头村、河北省晋州市周家庄乡这 2 村 1 乡，在 20 世纪七八十年代没有推行土地家庭联产承包责任制，但它们在 20 世纪 80 年代初，就开始实行土地“三包一奖”等新型集体经营模式，很快走上了农业现代化之路。浙江省杭州市萧山区航民村、东阳市花园村、台州市方林村，河北省滦平县周台子村，天津市西青区王兰庄村和蓟州区郭家沟等6个村，20世纪80年代初，集体的土地、山林、水塘全部承包到户后，又先后重新全部收拢流转给集体，实行土地集体所有，采取新的土地经营模式，村上很快出现飞跃。这里除去老人与小孩，几乎人人有事做，家家有收入。这8村1乡的农户将承包土地流转给集体，入股分红或拿取租金，近年村集体分配给每人的，多则超过2万元，少则也在3000元以上。

刘庄村19位农业工人管理1050亩耕地，粮食亩产稳定在2000公斤左右，其余劳动力全部进入企业工作；刘庄人实行退休制度，退休人员每月800元，人均可支配年收入超过3万元。滕头村退休老人福利金每月达到2000元，2016年人均可支配收入6.5万元。周家庄乡建起了我国农村第一座农民文化宫，2016年人均现金分配收入14266元，人均纯收入达到19085元，集体公共积累达到3596万元。航民村23个农业工人耕种着村集体700多亩农田，人均产粮超过4万斤，2016年上缴国家的税金达5.05亿元，1996年投资2000多万元建起了综合性的文化中心；2016年人均享受集体福利达到6000元，人均可支配收入5.8万元。花园村投资2亿多元建起了花园娱乐城，2016年人均可支配收入超过16万元。方林村投资1100多万元建起集村民学校、图书馆等设施于一体的文化中心，2016 年人均集体分红达到 9000 元，人均可支配收入已达到 9.8 万元。王兰庄村 2016 年人均享受各种集体福利接近 2 万元，人均可支配收入超过 3 万元。

2011 年，天津市一位副市长考察郭家沟村并进行了座谈之后，给村两委丢下了一句话：“你们郭家沟要成为天津市乡村旅游的示范村，必须结合实际，大胆地想、大胆地试。”不久，郭家沟村成立了旅游综合开发公司，全村所有的耕地和山地全部流转给集体，实行公司化管理，公司建起了特色蔬菜采摘园、小杂粮种植园、脆枣采摘园和 6 个水上娱乐项目，还建起了 800 米长的绿色长廊。郭家沟采取“集体搭台、农家发财”的路子，2017 年，45 家农家院接待游客 25.65 万人次，为农家创造了 2310 万元收入，也为郭家沟集聚了 765.94 万元的集体资金，郭家沟全村 51 户 181 人，这一年，人均收入达到 7.5 万元。这个村先后大学毕业的 5 位年轻人和外出打工的人全部回乡创业。

地处燕山深处、古长城脚下的周台子村党支部书记范振喜连续 4 届当选党的十六大至十九大党代表，2008 年他带领全村把承包到户的 2200 多亩耕地全部流转到村集体名下，实行新集体经济的经营模式，走出了贫困地区共同富裕的新路子。2016 年该村人均可支配收入达到 1.3 万元，比全县农村居民人均可支配收入 5565 元多出 1.34 倍，全村 700 户，人均可支配收入在 0.7 万元至 2 万元的达到 600 户以上，年收入超过 2 万元的约 40 户，年收入 0.65 万元至 0.7 万元的低收入农户约 60 户。范振喜经常讲的一句口头禅是：“我是村上的当家人，年轻人靠自己创业，小孩和老人我一定要管好。”该村小孩读书，从小学到高中，2000 年起就实现了免费教育；考上大学的，每人发给奖学金。村上建起了老人公寓，村上 60 岁至 70 岁的老人只要缴 2 万元押金，就可拎包住进老人公寓的套房；70 岁以上的老人免费入住，并实现了护理有专人。所有老人每月发给养老金 120 元。

刘庄等 8 村 1 乡近 2 万农户走上以新集体经济为主体、多种经济成分并存的社会主义乡村新社区道路后，这里没有暴发户没有贫困户，家家都是富裕户。这 8 村 1 乡几乎都获得了省里或全国美丽乡村的光荣称号。他们的带头人又几乎都是省里或全国的优秀共产党员、劳动模范、人大代表或党代表。而没有发展新集体经济、靠“单干”的村落，大都出现了“空壳村”问题、贫富差距问题、农民工问题、留守儿童问题、乡村文化衰落和养老等问题。

50 年来，我走访了近千个村落，曾踏进近万家农户的门槛，凭着我对“三农”的调查和认识，浓缩中华人民共和国成立以来我对“三农”的追寻和思考，写出了近 31 万字的《走进新时代的乡村振兴道路——中国“三农”调查》一书，在序言中我曾写道：“在习近平新时代中国特色社会主义思想指引下，建立以新集体经济为主体、多种经济成分并存的社会主义乡村新社区，是新时代中国通向共同富裕的历史必然和发展趋势。”我们坚信，在中国特色社会主义全面迈进新时代的进程中，“三农”问题将彻底告别历史，全面振兴乡村就在“明天”。

童禅福

中国出版传媒商报社社长伍旭升讲话

一部展示人民心声的历史命题巨著

摆在我们面前的《走进新时代的乡村振兴道路——中国“三农”调查》这部厚重作品，让我们肃然起敬。大气、庄重，以“人民社的名义”，展现的是人民（广大的农民）的心声，也传达出独特的“意义的意义”“故事的故事”“感动的感动”。

一、意义的意义。8村1乡记叙的是40年来中国农村改革的缩影，具有历史保真的意义；这种历史的意义，更承载着“乡村振兴”的未来，更具有前瞻的价值与深刻的意义。

二、故事的故事。书中主要记录的是8村1乡发展农村新集体经济的故事。这些故事的背后，是一位74岁的老记者数十年矢志不渝记录思考农村改革发展的故事，是人民出版社作为党社、第一社慧眼识珠、高效率高质量出版的故事，是像樊国安、金慧英、黄正富等一大批媒体人、热心者、见证人鼓与呼的故事。

三、感动的感动。该书描写了一批农村改革带头人的感人群像。在这些感动的背后，是当地党委、政府给予的支持，当地村民的理解，以及社会各界的关注，它们汇聚成澎湃感人的共鸣，共同谱写出时代的强音。

王兰庄村党支部书记郭宝印、郭家沟村党支部书记胡金领等人身上的精神完全可以印证这些意义、故事与感动。

正因为如此，作为中宣部直接指导、有63年历史的出版传媒业权威媒体，中国出版传媒商报破天荒在头版头条外加一个整版报道了《走进新时代的乡村振兴道路——中国“三农”调查》这本书的出版追记，我们看重的不仅是图书所折射出的质朴、初心与使命，更看重乡村振兴的历史命题、时代契机所展现出的广阔作为。譬如，除了产业的振兴、生态的重建外，更有文化的重塑、社区的重构与乡愁的重温。我们理解，乡村振兴，经济是抓手，生态是载体，邻里是细胞，而文化是根髓。在完成了农村产业经济的振兴任务后，文化精神风貌的振兴将是未来乡村更重大的挑战与母题。

中国出版传媒商报愿意发挥智库咨询、咨询对接、产业创意、品牌传播等专业优势与服务的作用，为“乡村振兴”，为王兰庄村、郭家沟村的未来尽一份绵薄之力，做出我们的贡献。

伍旭升

人民出版社为《走进新时代的乡村振兴道路——中国“三农”调查》精心设计

农民日报社编委王泽农讲话

乡村振兴成功实践样本要大力支持宣传

很荣幸参加今天的新书发布会。本来农民日报社的陈书记、杨总编要来参会，因临时接到上级任务不能到会。我受报社编委会委托参加今天的发布会，也代表农民日报社对《走进新时代的乡村振兴道路——中国“三农”调查》一书的出版表示热烈的祝贺！对关注“三农”事业、支持“三农”发展的与会各位表示由衷的感谢！

人民出版社是名扬海内外的国家级出版社，始终肩负着崇高的历史使命，出版发行了一大批宣传党和国家大政方针的优秀读物。这次将《走进新时代的乡村振兴道路——中国“三农”调查》一书作为重点图书予以出版，体现了国家出版社的责任与担当，体现了对新时期中国特色社会主义历史时代的准确理解和把握。宣传好这本书，让更多的人了解乡村振兴战略在实现中华民族伟大复兴过程中的重大意义，让更多的“三农”实践者找到实现乡村振兴的有效路径，也是《农民日报》责无旁贷的义务。就在前天的《农民日报》4 版，我们刊发了天津记者站站长金慧英的报道——《“老记者”童禅福 50 载“三农”调研路》，这次新书发布会的消息明天就会见报，今后我们还将在恰当的时机安排对童禅福同志的专访，以及跟进

《走进新时代的乡村振兴道路——中国“三农”调查》一书的相关报道。

作为党和政府指导全国农业和农村工作的重要舆论工具，《农民日报》始终如一地发挥政治优势，坚持党性原则，把政策宣传作为报纸的灵魂，在“三农”事业发展中发挥了有力的政策指导作用。

其实，《走进新时代的乡村振兴道路——中国“三农”调查》一书中的村庄有很多是我们农民日报社记者多次采访过报道过的。比如，今天的东道主王兰庄，我们2002年9月20日头版就报道过，题目叫《好支书郭宝印》。浙江省东阳市花园村党委书记邵钦祥被农民日报社等单位评为2016年“中国农村新闻人物”。天津市蓟州区郭家沟离北京比天津还近，以前

人民出版社向天津市100个农家书屋赠送了《走进新时代的乡村振兴道路——中国“三农”调查》一书。中共天津市委宣传部副部长石刚（右二）、人民出版社副总编陈鹏鸣（左三）和该书作者童禅福（右三）参加了赠送仪式

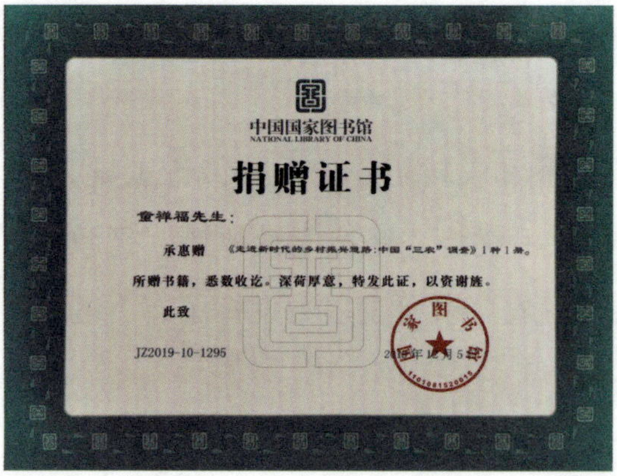

《走进新时代的乡村振兴道路——中国“三农”调查》一书作者赠送国家图书馆收藏的捐赠证书

我们就有报道，如今郭家沟用商业的眼光审视生态，用发展的眼光经营生态，将郭家沟建设成了山村风貌凸显、生态特色鲜明、人居环境最佳的旅游专业村。用新的新闻角度去审视就会有新的发现，像这些题材，包括王兰庄今天发展壮大集体经济的实践，我们都会陆续安排采访。

党的十九大报告首次明确提出了“实施乡村振兴战略”，前不久，《中共中央国务院关于实施乡村振兴战略的意见》对实施振兴战略进行了全面部署，对谋划新时代乡村振兴进行了顶层设计。我想，宣传报道好各地（尤其是《走进新时代的乡村振兴道路——中国“三农”调查》一书中的村庄）乡村振兴建设的成功实践，是《农民日报》作为党的农业农村工作舆论工具的职责，上述报道计划报社一定会大力支持。

最后，我想代表《农民日报》的记者向童禅福同志表示敬意。感受“三农”、报道“三农”、研究“三农”，我们有着共同的目标。50多年来，童禅福同志访遍千村万户，善于思考总结，相继写出了200多篇调查报告，年过古稀依然笔耕不辍，这种精神值得我们认真学习。

王泽农

天津市西青区李七庄街王兰庄村党支部书记

郭宝印发言

共同富裕的道路要坚定不移走下去

郭宝印书记在新书发布会上发言

党的十九大报告首次明确提出了“实施乡村振兴战略”和“壮大集体经济”。这给我们谋划新时代乡村振兴提供了顶层设计，指明了发展方向。中国要强，农业必须强；中国要美，农村必须美；中国要富，农民必须富。如何振兴乡村？如何发展新集体经济，带领农民走上共同致富的道路？我们还有许多急需破解的难题。童禅福同志以对我们农业、农村、农民深刻的理解和深厚的感情，用大半生的时间访遍千村万户，倾尽心血撰写了这部对乡村振兴具有重要实证意义的书。我们王兰庄村的事例还非常荣幸地被收录到这本书中。

认真拜读了这本书后，我几乎一夜无眠！这本书的字里行间，无时无刻不流露出童老对我们农村、农民脱贫致富、共同富裕，以及对乡村振兴的关切。没有对中国农民的深厚感情，没有对中国农村振兴的使命感、责任感，就不会50多年如一日，始终关注研究“三农”问题；没有一定的理论功底，就可能淹没在大量的数据当中，就不可能写得这样有思想有温度有深度。最重要的是，本书对破解“三农”难题提出了富有启发性的意见和措施，是部可操作性强的好作品！

在此，我代表我们王兰庄村的父老乡亲，对童老对我们农民、农村的关注、理解和支持，对童老为我们乡村振兴的真心付出，致以崇高的敬意！

同时，对市、区各级领导，以及新闻宣传出版业的各位领导和媒体朋友们，多年来对我们王兰庄村的关心支持表示衷心的感谢！

我们相信，我们王兰庄村带领全村人走共同富裕的道路、建成福利型社会主义乡村新社区的道路会越走越宽，我们还要继续努力让广大农民坚定社会主义信仰、理想，真正实现让农民无后顾之忧，真正实现城乡一体化，真正做到全村没有暴发户没有贫困户、家家都是富裕户，真正做到物质文明、精神文明一起抓，农民群众生活丰富多彩。

再次感谢童老先生，再次感谢各位领导、各位新老朋友长久以来对王兰庄发展的关心和支持。欢迎各位朋友经常来王兰庄采风游览，指导工作。

郭宝印

二　新书报道与评介

《走进新时代的乡村振兴道路——中国“三农”调查》在人民出版社出版发行后，《人民日报》《光明日报》《农民日报》和《中华读书报》，以及新华网、人民网、光明网等全国主要媒体分别给予了报道和评介。浙江省新华书店集团有限公司于2019年2月27日向各市、县（市、区）新华书店有限公司和宁波新华书店集团发出了《关于做好〈走进新时代的乡村振兴道路——中国“三农”调查〉宣传发行工作的通知》。该《通知》中说：“这部30多万字的中国‘三农’调查报告几乎涵盖了东西南北中的中华大地，也几乎跨越了新中国的70年历史。该书是党的十九大以后以新时代乡村振兴道路为主题的图书，请各书店做好该书的宣传推荐工作，店内做好展示陈列，店外积极向政府机关、社会团体、图书馆等单位进行展销推广。”

《天津日报》2018 年 4 月 14 日报道

《走进新时代的乡村振兴道路》昨首发

本报讯（记者 周凡恺）人民出版社出版的《走进新时代的乡村振兴道路——中国“三农”调查》新书发布会及赠书仪式昨天在西青区李七庄街王兰庄村举行，市委宣传部有关领导出席了该活动。

该书是浙江省资深记者、首届范长江新闻奖提名奖获得者、浙江省文史研究馆馆员童禅福研究中国“三农”问题和乡村振兴道路的专著。今年已经 74 岁高龄的童禅福，以把基层“跑遍、跑深、跑透”的“三跑”精神，实地走访调查了中国最具代表性的农村，足迹遍及大江南北的千村万户，最终他选择了华北平原的河南、河北、天津，以及东南沿海的浙江等地的 8 村 1 乡作为考察重点，从中华人民共和国成立初期的土地改革，到互助组、初级社、高级社、人民公社，再到党的十一届三中全会后全国推广土地家庭联产承包责任制，直至目前一些农村党支部书记带领村民进行土地适度集中，发展乡镇企业，壮大集体经济实力，实现没有暴发户没有贫困户、家家都是富裕户的社会主义乡村新社区，作者以 8 村 1 乡为标本，从 1949 年到 2017 年，时间跨度将近 70 年。从这些乡村标本半个多世纪的经济社会发展和变迁中，作者运用马克思主义政治经济学的立场、观点和方法，形象生动地阐述了乡村振兴的伟大战略，这对新时代社会主义新农村建设具有典型示范意义。天津市的西青区李七庄街王兰庄村和蓟州区郭家沟村均成为童禅福书中所列举的乡村振兴的样板，王兰庄村和郭家沟村的探索实践，也为我国乡村振兴战略添加了一个生动的注脚。

4月14日 星期六 责任编辑：祁振 TIANJINDAILY 天津日报

《走进新时代的乡村振兴道路》昨首发

我市100个农家书屋获赠书

本报讯（记者 周凡恺）人民出版社出版的《走进新时代的乡村振兴道路——中国“三农”调查》新书发布会及赠书仪式昨天在西青区李七庄街王兰庄村举行，市委宣传部有关领导出席活动。

该书是浙江省资深记者、首届范长江新闻奖提名奖获得者、浙江省文史馆馆员童禅福研究中国“三农”问题和乡村振兴道路的专著。今年已经74岁高龄的童禅福，以把基层“跑遍、跑深、跑透”的“三跑”精神，实地走访调查了中国最具代表性的农村，足迹遍及大江南北的千村万户，最终他选择了华北平原的河南、河北、天津以及东南沿海的浙江等8村1乡作为考察重点，从新中国成立初期的土地改革，到互助组、初级社、高级社、人民公社，再到党的十一届三中全会后全国推广土地家庭联产承包责任制，直至目前一些农村党支部书记带领村民进行土地适度集中，发展乡镇企业，壮大集体经济实力，实现没有暴发户、没有贫困户、家家都是富裕户的社会主义乡村新社区。作者以8村1乡为标本，时间跨度从1949年到2017年，将近70年。从这些乡村标本半个多世纪的经济社会发展和变迁中，作者运用马克思主义政治经济学的立场、观点和方法，形象生动地阐述了乡村振兴的伟大战略，对新时代社会主义新农村建设具有典型示范意义。我市的西青区李七庄街王兰庄村和蓟州区郭家沟村均成为童禅福书中所列举的乡村振兴的样板，王兰庄村和郭家沟村的探索实践，也为我国乡村振兴战略添加了一个生动的注脚。

王兰庄村党支部书记郭宝印在接受记者采访时说，党的十九大报告中首次明确提出了“实施乡村振兴战略”和“壮大集体经济”，对我们谋划新时代乡村振兴进行了顶层设计，指明了发展方向。中国要强，农业必须强；中国要美，农村必须美；中国要富，农民必须富。如何振兴乡村？如何走新集体经济道路？如何使全体农民共同富裕？童禅福老先生在这部书中都进行了回答。可以说，这是一部有思想、有温度、有深度，最重要的是对破解“三农”难题具有启发性的好作品。

昨天，人民出版社还向天津市100个农家书屋赠送了该书，与会者还走进了荣获全国文化生态村、全国优秀小康村、天津市文明生态村、天津市美丽乡村等称号的王兰庄村，并参观了我市最大的村级图书馆——王兰庄村图书馆等文化设施。

《天津日报》 2018年4月14日第7版

王兰庄村党支部书记郭宝印在接受记者采访时说，党的十九大报告首次明确提出的“实施乡村振兴战略”和“壮大集体经济”，为我们谋划新时代乡村振兴进行了顶层设计，指明了发展方向。中国要强，农业必须强；中国要美，农村必须美；中国要富，农民必须富。如何振兴乡村？如何走新集体经济道路？如何使全体农民共同富裕？童禅福老先生在这部书中都进行了回答。可以说，这是一部有思想有温度有深度，最重要的是对破解“三农”难题具有启发性的好作品。

昨天，人民出版社向天津市100个农家书屋赠送了该书，与会者还走进荣获全国文化生态村、全国优秀小康村、天津市文明生态村、天津市美丽乡村等称号的王兰庄村，并参观了我市最大的村级图书馆——王兰庄村图书馆等文化设施。

天津《今晚报》2018年4月13日报道

《走进新时代的乡村振兴道路——中国“三农”调查》新书发布

本报讯（记者 刘超）以新时代乡村振兴道路为主题的图书《走进新时代的乡村振兴道路——中国“三农”调查》新书发布会，今天上午在西青区李七庄街王兰庄村举行。

据介绍，《走进新时代的乡村振兴道路——中国“三农”调查》是童禅福同志研究中国“三农”问题和乡村振兴道路的专著。作为浙江省文史研究馆馆员，童禅福以74岁高龄的“老记者”身份，以把基层“跑遍、跑深、跑透”的“三跑”调研精神，相继写出了200多篇调查报告。该书由“集体化道路”“新‘三农’现象报告”“践行乡村振兴战略的憧憬”等12个重要章节组成，以豫中、华北平原的河南、河北、天津及东南沿海的浙江等地的8村1乡作为考察重点，从半个多世纪经济社会发展和变迁中，运用马克思主义政治经济学的立场、观点和方法，概括、提炼，总结出一条以新集体经济为主体的农村共同富裕之路。天津市西青区王兰庄村和蓟州区郭家沟村发展的成功经验，收录于本书中。

本次新书发布会由人民出版社、农民日报社、中国出版传媒商报社主办，中共天津市西青区委宣传部等单位承办。新书发布会后，人民出版社向天津市100个农家书屋赠送了《走进新时代的乡村振兴道路——中国“三农”调查》一书。

《农民日报》2018 年 5 月 23 日报道

《走进新时代的乡村振兴道路》新书发布

日前，《走进新时代的乡村振兴道路——中国“三农”调查》新书首发式在天津市西青区李七庄街王兰庄村举行。这是人民出版社在党的十九大后以新时代乡村振兴道路为主题出版的第一部书。

《走进新时代的乡村振兴道路——中国“三农”调查》的作者童禅福实地走访调查了中国具有代表性的农村，选择华北平原的河南、河北、天津以及东南沿海的浙江等地的 8 村 1 乡作为考察重点，运用马克思主义政治经济学的立场、观点和方法，概括、提炼、总结出一条以新集体经济为主体的农村共同富裕之路，为新时代走向乡村振兴提供了可落地模式和实操经验。

发布会举办地王兰庄村，是被收录该书的新农村建设典型。新书发布会后，在王兰庄村图书馆门前，人民出版社向天津市 100 个农家书屋赠送了该新书。

中国文明网

www.wenming.cn

《走进新时代的乡村振兴道路》新书发布

发表时间：2018-05-23　　来源：农民日报

日前，《走进新时代的乡村振兴道路——中国“三农”调查》新书首发式在天津市西青区李七庄街王兰庄村举行。这是人民出版社在党的十九大后以新时代乡村振兴道路为主题出版的第一部书籍。

《走进新时代的乡村振兴道路——中国“三农”调查》作者童禅福实地走访调查了中国具有代表性的农村，选择华北平原

中国文明网报道《走进新时代的乡村振兴道路——中国“三农”调查》

人民网天津 2018 年 4 月 13 日电

《走进新时代的乡村振兴道路——中国“三农”调查》发行

人民网 >> 天津频道

《走进新时代的乡村振兴道路——中国“三农”调查》发行

2018年04月13日17:43 来源：人民网-天津频道

人民网天津4月13日电 今天上午，《走进新时代的乡村振兴道路——中国“三农”调查》新书发布会在天津举办。该书作为党的十九大以后首本以新时代乡村振兴道路为主题的图书，由人民出版社出版发行。天津市西青区王

人民网报道

今天上午，《走进新时代的乡村振兴道路——中国“三农”调查》新书发布会在天津举办。该书作为党的十九大后首部以新时代乡村振兴道路为主题的图书，由人民出版社出版发行。天津市西青区王兰庄村、蓟州区郭家沟村被收录其中。

据悉，作为浙江省文史研究馆馆员，该书作者童禅福以 74 岁高龄的“老记者”身份，

以把基层“跑遍、跑深、跑透”的“三跑”调研精神，以对“三农”深刻的理解和深厚的感情，足迹遍及大江南北千村万户。在实地走访调查了中国具有代表性的农村后，选择了华北平原的河南、河北、天津及东南沿海的浙江等地的 8 村 1 乡作为考察重点，从中华人民共和国成立初期的土地改革，到互助组、初级社、高级社、人民公社，到党的十一届三中全会后全国推广土地家庭联产承包责任制，再到目前一些农村党支部书记带领村民进行土地适度集中，发展乡镇企业，壮大集体经济实力，实现没有暴发户没有贫困户、家家都是富裕户的社会主义乡村新社区，以 8 村 1 乡为标本，时间从 1949 年到 2017 年，长达近 70 年。从这几个乡村标本的半个多世纪经济社会发展和变迁中，运用马克思主义政治经济学的立场、观点和方法，概括、提炼、总结出一条以新集体经济为主体的农村共同富裕之路。

活动现场，中共天津市委宣传部副部长石刚、人民出版社副总编陈鹏鸣向天津市 100 个农家书屋赠送了《走进新时代的乡村振兴道路——中国“三农”调查》一书。

新华网天津 2018 年 4 月 13 日电

《走进新时代的乡村振兴道路——中国“三农”调查》新书发布会

人民出版社以新时代乡村振兴道路为主题的《走进新时代的乡村振兴道路——中国“三农”调查》新书发布会 4 月 13 日在天津市西青区李七庄街王兰庄村举行。

《走进新时代的乡村振兴道路——中国“三农”调查》是童禅福研究中国“三农”问题和乡村振兴道路的专著，共计约 31 万字。

童禅福，男，1969 年毕业于浙江农业大学，当过编辑，也做过记者，从政多年，现任浙江省文史研究馆馆员。从记者生涯到政府官员，童禅福一直密切关注“三农”问题。

50 多年来，以把基层“跑遍、跑深、跑透”的“三跑”调研精神，以对“三农”深刻的理解和深厚的感情，童禅福访遍千村万户，相继写出 200 多篇调查报告。这本对乡村振兴具有重要实证意义的专著，就是在这样的背景和基础上撰写而成的。

据人民出版社介绍，《走进新时代的乡村振兴道路——中国“三农”调查》由“导言”“引子”“集体化道路”“阳关道与独木桥”“挑战‘三农’的报告”“坚定走好自己的路”“抉择道路的报告”“新‘三农’现象报告”“践行乡村振兴战略的憧憬”等12个重要章节组成。

人民出版社副总编陈鹏鸣说，作者在实地走访调查了中国具有代表性的农村后，选择了华北平原的河南、河北、天津及东南沿海的浙江等地的8村1乡作为考察重点，时间从1949年到2017年，长达近70年。从这几个乡村标本的半个多世纪经济社会发展和变迁中，运用马克思主义政治经济学的立场、观点和方法，概括、提炼、总结出一条以新集体经济为主体的农村共同富裕之路。

“这本专著讲述了农村改革的故事，塑造了一批农村带头人的群像，体现了作者对‘三农’问题和乡村振兴孜孜‘寻路’的深刻观察和前瞻性思考。”中国出版传媒商报社社长伍旭升说。

业内人士表示，《走进新时代的乡村振兴道路——中国“三农”调查》一书，对乡村振兴路径提出了非常有益的探索。这本专著的出版发行，对广大农村、广大农民、广大的城镇乡村来说，都是一件很有意义的事情。

光明网天津 2018 年 4 月 16 日电

《走进新时代的乡村振兴道路——中国“三农”调查》天津首发

4 月 13 日，以新时代乡村振兴道路为主题的《走进新时代的乡村振兴道路——中国“三农”调查》新书发布会在天津市西青区李七庄街王兰庄村举行。据人民出版社副总编辑陈鹏鸣介绍，《走进新时代的乡村振兴道路——中国“三农”调查》是童禅福研究中国“三农”问题和乡村振兴道路的专著。作为浙江省文史研究馆馆员，童禅福以 74 岁高龄的“老记者”身份，以把基层“跑遍、跑深、跑透”的“三跑”调研精神，相继写出 200 多篇“三农”题材的调查报告。该书是他 50 年持续关注“三农”问题、深入农村调查研究的呕心沥血之作，分别由“集体化道路”“新‘三农’现象报告”“践行乡村振兴战略的憧憬”等 12 个重要章节组成，描述了从中华人民共和国成立初期的土地改革，到互助组、初级社、高级社、人民公社，再到党的十一届三中全会后全国推广土地家庭联产承包责任制，8 村 1 乡党组织带领村民进行土地适度集中，发展乡镇企业，壮大集体经济实力，实现没有暴发户没有贫困户、家家都是富裕户的社会主义乡村新社区建设的全过程。作者以天津市王兰庄、郭家沟等 8 村 1 乡为标本，运用马克思主义政治经济学的立场、观点和方法，形象生动地阐述了乡村振兴的伟大战略，对新时代社会主义新农村建设具有典型示范意义，同时也为我国乡村振兴战略添加了一个生动的注脚。

陈鹏鸣认为，如何振兴乡村，如何走新集体经济道路，如何使全体农民共同富裕，童禅福先生在《走进新时代的乡村振兴道路——中国“三农”调查》这部书中都进行了回答。可以说，这是一部有思想有温度有深度，最重要的是对破解“三农”难题具有启发性的好作品。

在新书发布会上，人民出版社向天津市 100 个农家书屋赠送了《走进新时代的乡村振兴道路——中国“三农”调查》一书。

浙江省新华书店集团向各市、县（市、区）新华书店有限公司和宁波新华书店集团发出了《关于做好〈走进新时代的乡村振兴道路——中国“三农”调查〉宣传发行工作的通知》后，各地新华书店门市部纷纷上架。图为淳安县新华书店一角

天津农村广播2018年4月13日报道

《走进新时代的乡村振兴道路——中国“三农”调查》新书发布会今天在王兰庄村举办

今天（4月13日），作为党的十九大后首本以新时代乡村振兴道路为主题的图书，《走进新时代的乡村振兴道路——中国“三农”调查》新书发布会在西青区李七庄街王兰庄村成功举办。这本书的发布对于广大农村、农民来说，都是一件意义深远的事情。

农业、农村、农民的问题，是关系国计民生的根本性问题。破解乡村振兴难题，路在何方？童禅福先生所著的《走进新时代的乡村振兴道路——中国‘三农’调查》一书，对乡村振兴路径提出了非常有益的探索，使广大党员干部群众看到了乡村振兴的广阔前景和希望。

此书是一本研究中国“三农”问题和乡村振兴道路的专著，共计约31万字，由人民出版社出版，探讨了在加速推进工业化、城镇化、城乡一体化的进程中，“空壳村”、留守儿童、土地抛荒、农村养老等一系列问题。人民出版社副总编辑陈鹏鸣表示："乡村振兴战略，究竟怎么振兴，应该说各地还得结合自己的实际振兴。像福利型的、集体化的道路，这种振兴是一条道路。当然，各地还得结合自己的实际，探索乡村振兴的途径。这本书的出版，我们是希望能够为广大的农村工作者、关注'三农'的读者，提供解决'三农'问题的钥匙。"

作为浙江省文史研究馆馆员，作者童禅福是一位 74 岁高龄的"老记者"。50 多年来，他秉承着把基层"跑遍、跑深、跑透"的"三跑"调研精神，密切关注"三农"问题，访遍千村万户，相继写出 200 多篇调查报告。该书由 12 个重要章节组成。作者将河南、河北、天津及东南沿海的浙江等地的 8 村 1 乡作为考察重点，概括、提炼、总结出一条以新集体经济为主体的农村共同富裕之路。天津市西青区的王兰庄村和蓟州区的郭家沟村作为农村集体经济发展的典型代表被收录进本书。作者童禅福说，他选择的这 2 个村子是非常有代表性的："我就是要选一个城乡结合的乡村，这个村庄通过集体经济的道路融进城市，全国我就选了这个点——王兰庄。30 年前它就把资源进行了整合，发展到今天，我觉得这是一条非常好的路。郭家沟是一个很小的村，地处山间。习近平总书记提出绿水青山就是金山银山，这个地方确实是一个绿水青山的地方。怎样把这些绿水青山变成金山银山？这个村庄经过集体资产整合发展，3 年时间就发展到人均收入达 7.5 万元。这 2 个典型一个在城郊、一个是山村，不同的办法，却都走上了共同富裕的大道。"

新书发布会后，人民出版社向天津市100个农家书屋赠送了这部书。本次发布会的举办地——李七庄街王兰庄村是童禅福书中所列举的一个乡村振兴的样板。王兰庄的探索实践，也为我国乡村振兴战略添加了一个生动的注脚。

昔日的“穷困村”变成了“花园村”，这里的720户2216人已过上了新时代社会主义福利型的新生活。

天津市西青区王兰庄村党支部书记郭宝印说：“党的十九大提出乡村振兴战略，给我们提出了一个新的要求。第一，我们想搞一个以集体经济为主、其他民营经济结合的发展模式，带动全村经济的发展。第二，我们想围绕服务城市来发展我们自己。第三，还有一个文化的发展，所以我们想通过家风、家训、家教，提高村里全民的素质，达到党的十九大提出的要求。”

中国出版传媒商报主任记者樊国安在深入阅读了这本书之后表示，作为一名同行，他从中了解了大量社情民意，其中既有关于乡村发展的思考，更有表达心系“三农”、关注民生的调查和建议。童禅福用一部书，为高层领导决策提供依据，为基层百姓解决困难。这是一个新闻工作者今后应当发扬传承下去的可贵精神。“习近平总书记提出新闻界的记者要想有一个深入调研，就要跑，跑到基层去。我觉得，跑农村、跑基层、接地气，童禅福作为一位老记者，他已经做到了。”

京津冀图书展览会新书分享会

《走进新时代的乡村振兴道路——中国“三农”调查》受到读者高度称赞

2018 年 5 月 31 日，人民出版社带着《走进新时代的乡村振兴道路——中国“三农”调查》等新书参加了中国出版协会、河北省廊坊市委宣传部等单位联合举办的首届京津冀图书展览会。在新书分享会上，不少读者拿着新购的童禅福的著作请作者签名留念。

在新书分享会上，中国出版协会副秘书长刘丽霞在讲话中说，在京津冀图书展览会上，我们专门举办了新书分享会，特邀请人民出版社带着《走进新时代的乡村振兴道路——中国“三农”调查》等新出版的书参会，具有特殊意义。今天介绍的这本书的作者童禅福就与农业、农村、农民有着不解之缘。他来自农村，大学毕业后从事新闻工作，后来又走上领导岗位。曾获全国广电系统优秀记者、浙江省优秀党员和全国先进工作者，该得到的荣誉和头衔他都有了。他从浙江省民政厅副厅长的岗位退下以后，本该好好安度晚年，尽享天伦之乐，但是，他心怀感恩之情，肩负历史责任，始终心系“三农”，脚步不停地为中国农民的富裕和幸福奔走、呼唤，他走访千村万户，去寻求解决“三农”问题之路，最终他在书的序言中提出：“建立以新集体经济为主体、多种经济成分并存的社会主义乡村新社区，是新时期中国通向共同富裕的历史必然和发展趋势。”74 岁，他终于完成了《走进新时代的乡村振兴道路——中国“三农”调查》这部 30 多万字的“三农”著作，这是童禅福同志为“三农”做出的巨大贡献。

会后，《走进新时代的乡村振兴道路——中国“三农”调查》一书受到广大读者的高度称赞，几位农民读者拿着签名的书，深情地对作者说：“回去我们好好读读这部书。”

李亦馨

新书作者童禅福与小读者在一起

国务院参事室、中央文史研究馆《工作通讯》
2018年第6期报道

《走进新时代的乡村振兴道路》一书出版发行

近日，浙江省文史研究馆馆员童禅福撰写的《走进新时代的乡村振兴道路——中国“三农”调查》一书由人民出版社出版发行。4月13日，人民出版社和农民日报社于天津市王兰庄村举行该书的新闻发布会。人民出版社副总编辑陈鹏鸣说：“当前，在我国农村的生产力面临又一次解放的前夜，如何振兴农村，如何建设以新集体经济为主体、多种经济成分并存的社会主义乡村新社区，带领农民走上共同富裕的道路，是摆在我们面前的重大课题。我社在党的十九大提出实施乡村振兴战略之后出版的这部重要的‘三农’著作，如‘好雨知时节，当春乃发生’，出版恰逢其时。我相信这部著作也能像今天的这场春雨一样，‘随风潜入夜，润物细无声’，助力我国乡村振兴战略的实现。”

童禅福出生于农村，1969年从浙江农业大学毕业，在军垦农场锻炼后就从事新闻工作。近50年来，他走访了千村万户，撰写了近200篇关于“三农”问题的调查报告。其中不少

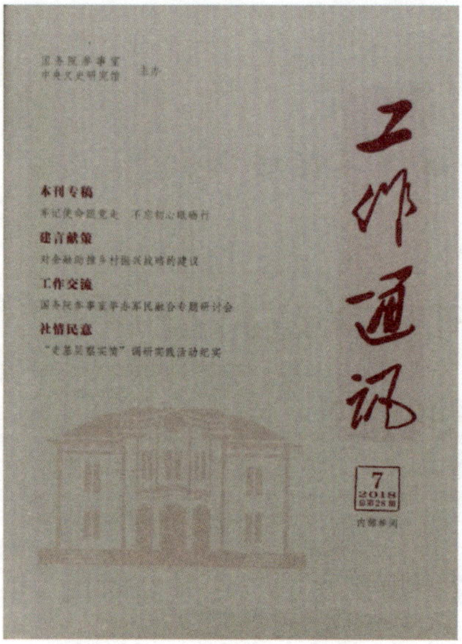

《工作通讯》报道《走进新时代的乡村振兴道路——中国“三农”调查》

调研报告受到省委、省政府领导甚至中央领导的批示、肯定和表扬。2012 年，他被省政府聘为省文史研究馆馆员。之后，他仍十分关注“三农”问题。2014 年，童禅福向省文史研究馆建议，开展“城乡一体化进程中农村文化发展趋势探索与研究”的课题调研，省文史研究馆采纳了他的建议。2015 年，文史馆专门组织一批相关专业的馆员，选择浙江省兰溪市开展农村文化建设的系统调研。调研中，调研组的同志感到，农村的集体经济发展程度决定着农村文化发展的面貌，农村的集体经济又由农村的土地经营管理模式决定着。作为课题调研成果之一，童禅福馆员执笔的《历史大变局下的农村新集体经济》的建言获浙江省省长等领导的批示。国务院参事室、中央文史馆主办的内刊《国是咨询》也刊登了童禅福馆员执笔撰写的报告《历史大变局下的农村新集体经济》。此报告以浙江省东阳市花园村等一批坚持新集体经济的乡村为素材。实践证明，“新集体经济推进了农村经济社会全面发展”，实现了“四个真正”：真正解除了农民的后顾之忧，坚定了广大农民的社会主义信仰、理想；真正实现了就地就近城镇化和城乡一体化；真正做到全村没有暴发户没有贫困户，家家都是富裕户；真正做到了物质文明、精神文明一起抓，农民群众生活丰富多彩。

集体经济的壮大给农民物质和精神生活带来了巨大富裕，激发了童禅福馆员继续深入农村调查研究，探索乡村振兴道路的斗志。在上述课题调研的基础上，童禅福馆员再次奔赴大江南北。2017年，74岁的童禅福馆员完成了《走进新时代的乡村振兴道路——中国“三农”调查》的撰写，这是一本对乡村振兴具有重要实证意义的书。该书由“集体化道路”“阳关道与独木桥”“挑战‘三农’的报告”“坚定走好自己的路”“抉择道路的报告”“新‘三农’现象报告”“践行乡村振兴战略的憧憬”等12个章节组成。作者随文史馆调研组实地走访调查了具有代表性的华北平原河南、河北、天津的农村，以及东南沿海的浙江花园村等8村1乡，将其作为考察重点，并自费到江西、浙江当地深入调研，从这几个乡村标本的半个多世纪社会经济发展和变迁中，作者运用马克思主义政治经济学的立场、观点和方法，进行概括、提炼，总结出一条以新集体经济为主体的农村共同富裕之路。他在书中这样写道：“我们坚信，在中国特色社会主义全面迈进新时代中，‘三农’问题将彻底告别历史，全面振兴乡村就在‘明天’。”

（浙江省文史研究馆　郑旭文）

全文原刊于2018年7月25日《浙江劳模报》

《中华读书报》2019 年 6 月 12 日报道

新时代的乡村振兴之路

童禅福先生所著《走进新时代的乡村振兴道路——中国“三农”调查》一书，最近已由人民出版社出版，读后颇有感触。今年是我国改革开放 40 周年。众所周知，中国全社会的经济改革是从乡村开始的，经过 40 年的发展，“三农”问题仍然是我国现代化进程中的一个关键问题，成为进一步深化改革的焦点。改革起始于乡村，还须重回乡村。习近平总书记在党的十九大报告中指出：“农业、农村、农民问题是关系国计民生的根本性问题，必须始终把解决好‘三农’问题作为全党工作重中之重。”如何遵循习近平总书记所提出的“按照产业兴旺、生态宜居、乡风文明、治理有效、生活富裕的总要求”，深化乡村改革，健全城乡融合的发展机制，进一步推进农村现代化，是我国当前社会整体发展所面临的一个基本问题。在妥善解决“三农”问题、振兴乡村成为“重中之重”的时代背景之下，童禅福先生这部著作的出版可谓适逢其时，为我们提供了值得借鉴的乡村建设与振兴的实践经验。

童禅福先生的这部书，不是一部“写”出来的作品，而是

读书人的精神家园

书评周刊

中华读书报

总第517期 9

提供了值得借鉴的乡村建设与振兴的实践经验。

新时代的乡村振兴之路

《中华读书报》2019年6月12日报道

一部“跑”出来的著述。作为一名“全国先进工作者”和曾获得首届范长江新闻奖提名奖的资深记者，童先生十分善于“跑”，他“跑”遍大江南北，以河南刘庄村、河北周台子村、天津王兰庄村、浙江航民村及滕头村等8村1乡为标本，实地走访，深入调研，如实记述了这些村庄在漫长历史过程中所走过的道路与变迁。本书所记事件的时间跨度，从1949年到2017年，长达近70年。从土地改革到互助组、初级社、高级社、人民公社，再到党的十一届三中全会后全国推广土地家庭联产承包责任制，直至如刘庄村、滕头村等乡村所实行的土地适度集中、发展乡镇企业、壮大集体经济的“集体制”，都做了客观翔实的记录。正是基于大量的实地调研数据，又鉴于当前农村土地家庭承包责任制下所普遍存在的某些基本问题，以刘庄村、航民村、滕头村等仍实行“集体制”而实现了集体富裕的乡村为对比范本，作者提出了“以新集体经济为主体、多种经济成分并存的社会主义乡村新社区”概念，为新时代乡村振兴之路做出了积极的有益探索。

回顾近70年来中国社会的整体历史发展过程，以土地所有权制度为核心的中国农村社会所经过的巨大变迁，大致有几个重大历史节点：一是中华人民共和国成立初期的“土地改革”，这一与千千万万农民切身利益相关的土地制度的革命性变革到1952年底基本完成，广大农民获得了土地所有权；二是从1953年12月中共中央通过《关于发展农业生产合作社的决议》，推行农业生产合作化，从互助组、初级社到高级社，掀起了中国农村的社会主义高潮，到1956年底，广大农村的“合作化”制度基本完成，土地所有权由个人所有转变为集体所有；三是从1958年8月开始，旋即迅速向全国推行的“人民公社”制度，到1961年，全国农村以土地为核心的生产资料所有权，确立为人民公社、生产大队、生产队“三级所有、队为基础”的集体所有制；四是1978年党的十一届三中全会以后，实施全面经济改革与开放政策，农村实行土地家庭联产承包责任制，土地再次被“分配到户”经营，但土地所有权仍为集体所有。

广大农民在这一历史过程中的经历是复杂的，既有喜悦，又有艰辛。作者在本书中以诸多实例表明：“公社化”以前基于土地集体所有的农业生产合作制度，确乎有其独特的优越

新时代的乡村振兴之路

评童禅福《走进新时代的乡村振兴道路——中国“三农”调查》

浙江大学哲学系
原主任、博士生导师
董平

观点

◇在妥善解决“三农”问题、振兴乡村成为“重中之重”的时代背景之下，童禅福先生这部著作的出版，可谓适逢其时，为我们提供了值得借鉴的乡村建设与振兴的实践经验。

◇童禅福先生的这部书，不是一部“写”出来的作品，而是一部“跑”出来的著述。

◇“三农”问题的实质，是如何真正实现农村现代化的问题。没有农村的现代化，就没有国家的现代化。

◇将土地的所有权、承包权、经营权三权“分置并行”，无疑是新时代农村改革、乡村振兴的又一次重大制度创新。

童禅福先生所著《走进新时代的乡村振兴道路——中国“三农”调查》一书，最近已由人民出版社出版，读后颇有感触。众所周知，中国全社会的经济改革是从乡村开始的，经过四十年，“三农”问题仍然是我国现代化进程中的一个关键问题，成为进一步深化改革的焦点。改革起始于乡村，还须重回乡村。习近平总书记在党的十九大报告中指出：“农业农村农民问题是关系国计民生的根本性问题，必须始终把解决好‘三农’问题作为全党工作重中之重。”如何遵循习近平总书记所提出的“按照产业兴旺、生态宜居、乡风文明、治理有效、生活富裕的总要求”，深化乡村改革，健全城乡融合的发展机制，进一步推进农村现代化，是我国当前社会整体发展所面临的一个基本问题。在妥善解决“三农”问题、振兴乡村成为“重中之重”的时代背景之下，童禅福先生这部著作的出版，可谓适逢其时，为我们提供了值得借鉴的乡村建设与振兴的实践经验。

童禅福先生的这部书，不是一部“写”出来的作品，而是一部“跑”出来的著述。作为一名“全国先进工作者”和曾获得首届“范长江新闻奖”提名奖的资深记者，童先生十分善于“跑”，他“跑”遍大江南北，以河南刘庄村、河北周台子村、天津王兰庄村、浙江航民村、滕头村等8村1乡为标本，实地走访，深入调研，如实记述了这些村庄在漫长历史过程中所走过的道路与变迁。本书所记事件的时间跨度，从1949年到2017年，长达近70年。从土地改革、互助组、初级社、高级社、人民公社，再到党的十一届三中全会后全国推广土地家庭联产承包责任制，直至如刘庄村、滕头村等乡村所实行的土地适度集中、发展乡镇企业、壮大集体经济的“集体制”，都做了客观翔实的记录。正是基于大量的实地调研数据，又鉴于当前农村土地家庭承包责任制下所普遍存在的某些基本问题，以刘庄村、航民村、滕头村等仍行“集体制”而实现了集体富裕的乡村为对比的范本，作者提出了“新集体经济为主体、多种经济成分并存的社会主义乡村新社区”概念，为新时代乡村振兴之路做出了积极的有益探索。

回顾近70年来中国社会的整体历史发展过程，以土地所有权制度为核心的中国农村社会所经过的巨大变迁，大致有几个重大历史节点：首先是新中国建立初期的“土地改革”，这一与千千万万农民切身利益相关的土地制度的革命性变革，到1952年底基本完成，广大农民获得了土地所有权；二是从1953年12月中共中央通过《关于发展农业生产合作社的决议》，推行农业生产合作化，从“互助组”、“初级社”到“高级社”，掀起了中国农村的社会主义高潮，到1956年底，广大农村的“合作化”制度基本完成，土地所有权由个人所有转变为集体所有；三是从1958年8月开始，旋即迅速向全国推行的“人民公社”制度，到1961年，全国农村以土地为核心的生产资料所有权，确立为人民公社、生产大队、生产队“三级所有、队为基础”的集体所有制；四是从1978年党的十一届三中全会以后，实施全面经济改革与开放政策，农村实行土地的“家庭联产承包责任制”，土地再次被“分配到户”经营，但土地所有权仍为集体所有。

广大农民在这一历史过程中的经历是复杂的，既有喜悦，又有艰辛。作者在本书中以诸多实例表明：“公社化”以前基于土地集体所有的农业生产合作制度，确乎有其独特的优越性，如浙江省的松崖村、千鹤村、河南省刘庄村等等，都迅速实现了农业生产丰收，提高了百姓的生活水平。但“大跃进”、“公社化”之后，“浮夸风”盛行、生产“大呼隆”，严重挫伤农民的生产积极性，最终使农村经济发展陷入停滞状态。改革开放之后，全国实行土地家庭联产承包责任制，这一生产方式的重新调整，重新激发起了农民的生产积极性，并迅速取得成效，基本解决农民的温饱问题。但作者在实地调研中关注到，农村经济的发展，“在经历了几年短暂的繁荣之后，很快就陷入了徘徊和停滞。”其根本原因是，“20世纪90年代以来，以家庭联产承包责任制为主要内容的小农经济已经不能解放生产力、发展生产力，提高农业生产能力，改善农业生产条件，推进新时代农业现代化，‘三农’问题自然也由此逐渐凸现了出来。”

按照作者的考察，“三农”问题之所以越来越突出，成为全面建成小康社会的一个重中之重，根源主要有两个方面：一方面是土地承包责任制经营方式在长期动作过程中所产生的问题，突出表现在“三个弊端”：“第一是不利于耕作管理和培养地力”，“第二是不利于农田建设”，“第三是不利于规模经营和产业培植”。尤其在耕地资源相对匮乏的地区，土地“碎片化”现象突出。另一方面，随着城市化的迅速发展，农民大量离开土地，进城打工，逐渐丧失对于土地的热情，农村土地闲置、抛荒现象相当普遍，与此相伴随的是，出现了大量的“空心村”，农村养老问题、留守妇女、留守儿童问题、医疗保险、学校教育问题等等，成为“三农”问题中亟待解决的最主要问题。与此形成鲜明对比的是，那些仍然实行“集体制”的乡村，则实质上不存在“三农”问题。河南省刘庄村在史来贺的带领下，一直实行“集体制”，以村为经济核算单位，逐渐走上以高科技医药产业为主、农工贸一体化的新型乡村发展道路，2015年的全村工业产值超过30亿元，人均可支配收入达到3.7万元，农民实行退休制，完全成为“乡村都市”。“这里没有暴发户，没有贫困户，家家都是富裕户。”同样不愿搞承包而坚持走集体化道路的浙江滕头村，2016年人均可支配收入超过6.5万元，男60岁、女55岁以上者，每月可享受福利金2000元，村内实现了从小学到大学的免费教育，考取大学、研究生，村里发给奖学金。大家都知道被称为“中国农村改革第一村”的安徽小岗村，当年为土地个体承包而摁下手印，立“生死状”的故事，但河北省周家庄乡的民众，却在1982年11月为坚持走集体化道路而摁下3055个手印。到了2016年，周家庄乡人均纯收入达到19085元。村民们还享受着乡里大量的集体福利。

这些坚持走集体化道路而实现了集体富裕的典型例子，表明生产资料、土地资源以及生产方式的集体化制度，不仅没有在现代化过程中丧失其优势与活力，反而体现出了个体化生产所不可比拟的优越性。通过对庄等“8村1乡”集体致富道路的切实调查研究，作者提出了创建以“新型集体经济为主体、多种经济成分并存的社会主义乡村新社区”的富有前瞻性的思考，并论述了实现这一“新社区”创建的“三大要素”：一是“要有一个无私、干练、能干事的带头人，并依靠坚如磐石的党组织创大业”；二是“抓好集体生产支柱产业的开发，以强大的经济实力支撑起新时代的新型集体经济乡村新社区的平台”；三是“村上的资源只有实行整合、实现集体所有、集体经营，集体经济才会逐日壮大，村才会兴旺，民才会富裕，村民们才不会走上两极分化”。在这“三大要素”中，第一要素是政治保证，第二要素是经济保证，第三要素是资源保证，目的指向。“只有这三大要素具备了、解决好了，村集体经济一定会健康发展，村民们也一定会幸福安康。”

童禅福在淳安农村调研。　　摄影 韩香云

“三农”问题的实质，是如何真正实现农村现代化的问题。没有农村的现代化，就没有国家的现代化。如何使广大农民能够充分享有国家整体现代化过程所带来的经济发展成果，实现教育、医疗、文化、养老保险等社会公共生活保障体系的城乡一体化，从根源上、制度上消除城乡差别，是问题的核心。如何实现农业传统生产方式转型，形成新型产业链，吸引农业人口从城市回流，是解决“三农”问题的关键。如何构建生态宜居的农村新型生活社区，重建人与自然和谐的良性互动关系，实现美丽乡村，是新时代乡村振兴所要达成的基本目的。童禅福先生在本书中所重点记述的刘庄村等“8村1乡”的集体化道路，在某种意义上就是建设“社会主义乡村新社区”的实验，为新时代乡村振兴提供了足资借鉴的模式与经验。在这些乡村，除了有一个坚强的领导集体以外，几乎无一例外地实现了传统农业生产方式向现代化市场经济的转型，农业、工业、商业互为补充，形成了新产业链，在市场经济条件下实现了农业供给侧转变，最终目的是产业链在转变提升中产生的价值和红利让村民们共同享有。一个村就是一个新型的经济综合体，具备了农工贸一体化的产业集群特点，资源实现了集约化的有效利用，生产力得到有效释放，生产效率得到有效提升。随着农民进入市场的组织化程度的提高，产品的市场竞争力得以强化，生产经营者的收入得以大幅度增加。在这些乡村，村民既是一个利益共同体，也是一个道德共同体，他们能够共享村集体经济发展所带来的效益与成果，同时也都自觉参与到了乡村自治与管理之中。在这些乡村，无一例外地实现了村民生活社区的重新规划，生态宜居的美丽乡村已经不是未来的期盼。

将土地的所有权、承包权、经营权三权“分置并行”，无疑是新时代农村改革、乡村振兴的又一次重大制度创新。“8村1乡”所走过的集体化道路的实践表明，对包括土地在内的生产资源实行集约化经营，形成以新型集体经济为主体、多种经济成分并存的新格局，建立与新型生产方式相适应的分配机制，是解决“三农”问题，实现乡村振兴的有效途径，是新形势下的一种制度创新。应当指出，“三权分置”并不是否定土地家庭联产承包责任制，农村由农民的个体化经营向新型集体经济为主体的生产方式的转变，更不是重新走回到“公社化”生产的老路，而是针对不同社会历史条件之下所出现的新“三农”问题，为加快推进农业现代化进程而采取的对治方略。“穷则变，变则通，通则久”，基于社会现实的历史性变动而适时调整制度施设，因时制宜，与时偕行，使现实制度能够与人民生活的实际情态相适应，正是实事求是这一党的根本原则的体现，也是中国传统文化基于时代格局的现实变动而制定切实有效的治理方略之政治管理智慧的体现。

童禅福先生这本“跑”出来的著作，以刘庄村等“8村1乡”为实例，既如实记载了他们坚定走新型集体经济为主体、多种经济成分并存的乡村共同富裕道路的历程，又基于时代现实，基于强化农村改革的系统性、整体性、协同性而提出了富有前瞻性的深刻思考，预示了新时代乡村振兴的未来前景。“大道之行也，天下为公”，“使老有所终，壮有所用，幼有所长，矜寡孤独废疾者皆有所养”，人们能够“出入相友，守望相助，疾病相扶持”，我们期待着新时代乡村振兴新局面的出现，能够实现中华民族的先贤所提出的这一伟大梦想。

《今日千岛湖》2019年7月11日第5版“理论与实践”

书香一瓣

新时代的乡村振兴之路

评童禅福《走进新时代的乡村振兴道路——中国"三农"调查》

董平

童禅福先生所著《走进新时代的乡村振兴道路——中国"三农"调查》一书，我读后颇有感触。众所周知，中国全社会的经济改革是从乡村开始的，经过40年，"三农"问题仍然是我国现代化进程中的一个关键问题，成为进一步深化改革的焦点。改革起始于乡村，还须重回乡村。习近平总书记在党的十九大报告中指出"农业农村农民问题是关系国计民生的根本性问题，必须始终把解决好'三农'问题作为全党工作重中之重。"在妥善解决"三农"问题、振兴乡村成为"重中之重"的时代背景之下，童禅福先生这部著作的出版，可谓适逢其时，为我们提供了值得借鉴的乡村建设与振兴的实践经验。

童禅福(左)在衢州农村采访

这不是一部"写"出来的作品 而是一部"跑"出来的著述

童禅福先生的这部书，不是一部"写"出来的作品，而是一部"跑"出来的著述。[illegible]

"三农"问题突出的根源，主要在于两个方面

[illegible]

"三农"问题的实质，是如何真正实现农村现代化的问题

[illegible]

"衢州有礼·知书达礼"

中小学生主题读书(1)

开栏语：最近，我市首届"衢州有礼·知书达礼"中小学生主题读书活动落下帷幕。活动吸引了众多小读者踊跃参与，他们在阅读中增长了学识，提升了品德，也有力地推进了"南孔圣地·衢州有礼"城市品牌建设。本次活动共评出一等奖17名，二等奖35名，三等奖30名，优秀组织奖8名。本报今起选编刊发一组一等奖作品，与读者一起感受书香雅韵、少年阅读的良好氛围。另外，第二届"衢州有礼·知书达礼"中小学生主题读书活动也已经启动，欢迎中小学生踊跃参与，相关的阅读推荐图书在市新华书店有专柜陈列。

对不起，严监生！

严监生是一个吝啬鬼！这个形象在我们心中根深蒂固。[illegible]

《衢州日报》2019年8月5日第6版"人文·悦读"

性，如浙江省的松崖村与千鹤村、河南省刘庄村等，都迅速实现了农业生产丰收，提高了百姓的生活水平。但“大跃进”“公社化”之后，“浮夸风”盛行，生产“大呼隆”，严重挫伤了农民的生产积极性，最终使农村经济发展陷入停滞状态。改革开放之后，全国实行土地家庭联产承包责任制，这一生产方式的重新调整，重新激发起了农民的生产积极性，并迅速取得成效，基本解决农民的温饱问题。但作者在实地调研中关注到，农村经济的发展，“在经历了几年短暂的繁荣之后，很快就陷入徘徊和停滞”。其根本原因是，“20 世纪 90 年代以来，以家庭联产承包责任制为主要内容的小农经济已经不能解放生产力、发展生产力，提高农业生产能力，改善农业生产条件，推进新时代农业现代化，‘三农’问题自然也由此逐渐凸现了出来”。

按照作者的考察，“三农”问题之所以越来越突出，成为全面建成小康社会的一个重中之重，根源主要有 2 个方面：一方面，土地承包责任制经营方式在长期运作过程中所产生的问题，突出表现在“三个弊端”：“第一，不利于耕作管理和培养地力”；“第二，不利于农田建设”；“第三，不利于规模经营和产业培植”，尤其在耕地资源相对匮乏的地区，土地“碎片化”现象突出。另一方面，随着城市化的迅速发展，农民大量离开土地，进城打工，逐渐丧失对土地的热情，农村土地闲置、抛荒现象相当普遍。与此相伴的是，出现了大量的“空壳村”，农村养老问题，留守妇女、留守儿童问题，医疗保险、学校教育问题等，成为“三农”问题中亟待解决的最主要问题。与此形成鲜明对比的是，那些仍然实行“集体制”的乡村，则实质上不存在“三农”问题。河南省刘庄村在史来贺的带领下，一直实行“集体制”，以村为经济核算单位，逐渐走上以高科技医药产业为主、农工贸一体化的新型乡村发展道路，2015 年全村工业产值超过 30 亿元，人均可支配收入达到 3.7 万元，农民实行退休制，完全成为“乡村都市”。

《古今谈》刊登本文
《新时代的乡村振兴之路》

“这里没有暴发户没有贫困户，家家都是富裕户。”同样不愿搞承包而坚持走集体化道路的浙江省滕头村，2016 年人均可支配收入超过 6.5 万元，男 60 岁、女 55 岁以上者，每月可享受福利金 2000 元，村内实现了从小学到大学的免费教育，考取大学、研究生，村里发给奖学金。大家都知道被称为“中国农村改革第一村”的安徽小岗村，当年为土地个体承包而摁下手印、立“生死状”的故事。但河北周家庄乡的民众，却在 1982 年 11 月为坚持走集体化道路而摁下 3055 个手印。到了 2016 年，周家庄乡人均纯收入达到 19085 元，村民们还享受着乡里大量的集体福利。

这些坚持走集体化道路而实现了集体富裕的典型例子，表明生产资料、土地资源及生产方式的集体化制度，不仅没有在现代化过程中丧失其优势与活力，反而体现了个体化生产所不可比拟的优越性。通过刘庄等 8 村 1 乡集体致富道路的切实调查研究，作者提出了创建“以新集体经济为主体、多种经济成分并存的社会主义乡村新社区”的富有前瞻性的思考，并论述了实现这一“新社区”创建的“三大要素”：一是“要有一个无私、干练、能干事的带头人，并依靠坚如磐石的党组织创大业”；二是“抓好集体生产支柱产业的开发，以强大的经济实力支撑起新时代的新集体经济乡村新社区的平台”；三是“村上的资源只有实行整合，实现集体所有、集体经营，集体经济才会逐日壮大，村才会兴旺，民才会富裕，村民们才不会走上两极分化”。在这“三大要素”中，第一要素是政治保证，第二要素是经济保证，第三要素是资源保证。“只要这三大要素具备了，解决好了，村集体经济就一定会健康发展，村民们也一定会幸福安康。”

“三农”问题的实质，是如何真正实现农村现代化的问题。没有农村的现代化，就没有国家的现代化。如何使广大农民能够充分享有国家整体现代化所带来的经济发展成果，实现教育、医疗、文化、养老保险等社会公共生活保障体系的城乡一体化，从根源上、制度上消除城乡差别是问题的核心。如何实现农业传统生产方式转型，形成新型产业链，吸引农业人口从城市回流，是解决“三农”问题的关键。如何构建生态宜居的农村新型生活社区，重建人与自然和谐的良性互动关系，实现美丽乡村，是新时代乡村振兴所要达成的基本目的。童禅福先生在本书中所重点记述的刘庄村等 8 村 1 乡的集体化道路，在某种意义上就是建设“社会主义乡村新社区”的实验，为新时代乡村振兴提供了足资借鉴的模式与经验。在这些乡村，除了有一个坚强的领导集体以外，几乎无一例外地实现了传统农业生产方式向现代化市场经济的转型，农业、工业、商业互为补充，形成了新产业链，在市场经济条件下实现了农业供给侧改革，最终目的是产业链在转变提升中产生的价值和红利让村民们共同享有。一个村就是一个新型的经济综合体，具备了农工贸一体化的产业集群特点，资源实现了集约化的有效利用，生产力得到有效释放，生产效率得到有效提升。随着农民进入市场组织化程度的提高，产品的市场竞争力得以强化，生产经营者的收入得以大幅增加。在这些乡村，村民既是一个利益共同体，也是一个道德共同体，他们能够共享村集体经济发展所带来的效益与成果，同时也都自觉参与到乡村自治与管理之中。这些乡村，无一例外地实现了村民生活社区的重新规划，生态宜居的美丽乡村已经不是未来的期盼。

将土地的所有权、承包权、经营权“三权分置”并行，无疑是新时代农村改革、乡村振兴的又一次重大制度创新。8 村 1 乡所走过的集体化道路的实践表明，对包括土地在内的生产资源实行集约化经营，形成以新集体经济为主体、多种经济成分并存的新格局，建立与新型生产方式相适应的分配机制，是解决“三农”问题、实现乡村振兴的有效途径，是新形势下的一种制度创新。应当指出，“三权分置”并不是否定土地家庭联产承包责任制，农村由农民的个体化经营向以新集体经济为主体的生产方式的转变，更不是重新走回到“公社化”生产的老路，而是针对不同社会历史条件之下所出现的新“三农”问题，为加快推进农业现代化进程而采取的对治方略。“穷则变，变则通，通则久”，基于社会现实的历史性变动而适时调整制度设施，因时制宜，与时偕行，使现实制度能够与人民生活的实际情态相适应，正是实事求是这一党的根本原则的体现，也是中国传统文化基于时代格局的现实变动而制定切实有效的治理方略之政治管理智慧的体现。

童禅福先生这本“跑”出来的著作，以刘庄村等 8 村 1 乡为实例，既如实记载了他们坚定走以新集体经济为主体、多种经济成分并存的乡村共同富裕道路的历程，又基于时代现实，基于强化农村改革的系统性、整体性、协同性而提出了富有前瞻性的深刻思考，预示了新时代乡村振兴的未来前景。“大道之行也，天下为公”，“使老有所终，壮有所用，幼有所长，矜寡孤独废疾者皆有所养”，人们能够“出入相友，守望相助，疾病相扶持”，我们期待着新时代乡村振兴新局面的出现，能够实现中华民族的先贤所提出的这一伟大梦想。

（作者董平，浙江大学哲学系原系主任，博士生导师）

本文曾刊于 2019 年第 2 期《古今谈》

本文曾刊于 2019 年 6 月 12 日《中华读书报》

本文曾刊于 2019 年 7 月 11 日《今日千岛湖》

《人民日报》2018年7月10日报道

一位“农民老记者”的深情阐述

——《走进新时代的乡村振兴道路

——中国“三农”调查》读后感

童禅福把《走进新时代的乡村振兴道路——中国“三农”调查》送到我手上的时候，我不由得吓了一跳，这一30多万字的中国“三农”调查报告，几乎涵盖了东西南北中的中华大地，这是空间；也几乎跨越了新中国的70年历史，这是时间。曾经长期担任广播记者，后又在政府领导岗位上辛劳的童禅福，年届73了，居然捧出这么一本著作，献给中国特色社会主义走进的新时代，我是打心眼里佩服，很少写读后感一类的文字，眼泪竟不由自主地流淌了出来。

写作是需要真情实感的，即使是长篇通讯、报告文学，甚至是理论色彩很浓的调查报告，有真情实感和没有真情实感写出的效果是不一样的。老童出身农民家庭，后来还成了新安江移民，他对农业、农村、农民的感情几乎与生俱来。别的不说，20世纪80年代末，已经成为国家广播电视系统优秀记者的童禅福，接受了当时的《人民日报》总编辑邵华泽的任务，开始撰写反映新安江移民的报告文学，本来是计划3年完成

读书 14 2018年7月10日 星期二 人民日报

人口是提升创新力的重要因素

一位"农民老记者"的深情阐述

——《走进新时代的乡村振兴道路——中国"三农"调查》读后

序与跋

新书架

大草原痴情的歌者

——读艾平散文文集《聆听草原》

读书

《人民日报》2018 年 7 月 10 日第 14 版"读书"

2018年6月13日 星期三 责任编辑：刘彬 美术编辑：杨霜 光明日报

读书者说

"农民老记者"的深情阐述

——读《走进新时代的乡村振兴道路》

□ 程蔚东

童祥福把《走进新时代的乡村振兴道路》送到我手上的时候，我不由得吓了一跳。这部30多万字的中国"三农"调查报告，几乎涵盖了东西南北中的中华大地，这是空间；也几乎跨越了新中国的70年历史，这是时间。曾经长期担任广播记者，后又在政府领导岗位上辛劳的童祥福，在年届73岁的年纪，居然捧出这么一部巨著，献给中国特色社会主义的新时代，我真是打心眼里佩服。

写作是需要真情实感的。即使是长篇通讯、报告文学，甚至是理论色彩很浓的调查报告，有没有真情实感对读者来说效果是大不一样的。老童出生在农民家庭，后来还成了新安江移民，他对农民、农业、农村的感情与生俱来。别的不说，20世纪80年代末，已经成为国家广播电视系统优秀记者和全国先进工作者的童祥福，接受了时任《人民日报》总编辑邵华泽的任务，开始撰写反映新安江移民的报告文学。本来计划3年完成，但是越深入移民，他的感情波涛越汹涌澎湃，结果一发而不可收，先后赴5个省市22个县区，走进一千多户移民家庭，用了20年时间，才最终由人民文学出版社出版了他的大型报告文学《国家特别行动：新安江大移民迟到50年的报告》。这期间，他的工作岗位一换再换，行政级别一升再升，但始终心系故乡农民，将深深情意倾注在字里行间。读到这部报告文学时，我深深地为这位从我们集团走出去的广播老记者感到骄傲，骄傲的基点就是他的真情实感。其时我也刚出任浙江作家协会主席，更为我们浙江文学界有了这个重大收获，而颇为兴奋。

捧读《走进新时代的乡村振兴道路》这部新著，我不由得在"老记者"的称谓前面再加上"农民"两字。老童——保持农民本色的老记者的真情实感，全然反映在他对农业、农村、农民的思考和寻访上了。我前面提到过一个时空概念，童祥福跑过了一千多个村庄，思虑了"三农"走过来的70年历史，并将他的感悟通过极其朴实的文字体现出来。他是一心想把新时代的乡村振兴从心里面往外掏啊，他是要我们的农民兄弟都来思考乡村振兴的道路啊！一个90多岁的老太太，在他的循循善诱下，将当年的土改细节讲述得栩栩如生；在梅雨季节，他走进仙居县石舍村，在一片危房面前思考这个有着近800年历史的村庄如何振兴；在一些偏僻的乡村，他痛心于"有礼堂没文化"现象，也欣喜地发现：伴随着外出打工的青年农民"回乡热"，文化的嫩芽正在茁壮成长……

"解决好农业、农村、农民问题，事关全面建设小康社会大局。"2017年10月18日晚上，他在书房里找出了党的十一大到十八大的所有报告，寻找我们的顶层设计在乡村振兴方面的沿革、变化。就集体经济而言，党的十六大报告提出"壮大集体经济实力"，十七大报告提出"增强农业综合生产能力，发展乡镇企业，壮大县域经济"，十八大报告提出"壮大集体经济实力"，党的十九大报告中再一次明确要求"壮大集体经济"。他意识到：集体经济的壮大，是乡村振兴的根本！为此他把和出版社商定的出版时间推迟，又深入浙江、天津等地，做了一番详细调查研究，最终在"抉择道路"的章节里，增添了一些通过壮大集体经济实现乡村振兴的生动事例，对河南刘庄、浙江花园、天津王兰庄等八村一乡的发展路径作了全面阐述，提出了"三农"问题的解决，必须建立以新集体经济为主体的多种经济成分并存的社会主义乡村新社区的主张。这是童祥福双脚深深地扎在农村的土地上，情感深深地系在农民的心坎上，经过深思熟虑地思考得出的结论。

《走进新时代的乡村振兴道路》
童祥福 著 人民出版社

童祥福对"三农"问题的真诚阐述，也是让我手不释卷的原因之一。就集体经济的发展，他翔实地表述出新中国成立初期农民获得土地后的喜悦，也真切地记叙了他们把土地并入合作社时的复杂情怀。这让我想起柳青的《创业史》和浩然的《艳阳天》。他在描述改革开放初期农民实行联产承包的历史趋势时，通过对金华老书记厉德馨这一人物的细致刻画，正是党坚持实事求是思想路线的生动注解。时任省委书记的铁瑛对厉德馨的一番细心交代，更让人在不由自主地反思历史的同时，昂扬起进一步改革开放的时代勇气。他通过详尽的调查，准确地表达了82宪法对"土地归国家所有"和农民获得承包权、经营权等权益并且长期不变的历史性选择，这是中国特色社会主义新农村的厚实基座，也是十八大以来农村集体经济得以进一步壮大的根本。童祥福用了大量的篇幅，描写了在壮大集体经济的背景下，我国一些著名乡村的新景象，从某种意义上讲，也描述了我国实施乡村振兴战略以后的灿烂明天。老童的良苦用心是显而易见的。

现在，我们有必要完整地再次学习一下习近平总书记在十九大报告中对实施乡村振兴战略的重要嘱托了："农业农村农民问题是关系国计民生的根本性问题，必须始终把解决好'三农'问题作为全党工作重中之重。要坚持农业农村优先发展，按照产业兴旺、生态宜居、乡风文明、治理有效、生活富裕的总要求，建立健全城乡融合发展体制机制和政策体系，加快推进农业农村现代化。巩固和完善农村基本经营制度，深化农村土地制度改革，完善承包地'三权'分置制度。保持土地承包关系稳定并长久不变，第二轮土地承包到期后再延长三十年。深化农村集体产权制度改革，保障农民财产权益，壮大集体经济。确保国家粮食安全，把中国人的饭碗牢牢端在自己手中。构建现代农业产业体系、生产体系、经营体系，完善农业支持保护制度，发展多种形式适度规模经营，培育新型农业经营主体，健全农业社会化服务体系，实现小农户和现代农业发展有机衔接。促进农村一二三产业融合发展，支持和鼓励农民就业创业，拓宽增收渠道。加强农村基层基础工作，健全自治、法治、德治相结合的乡村治理体系。培养造就一支懂农业、爱农村、爱农民的'三农'工作队伍。"

读完"农民老记者"童祥福的《走进新时代的乡村振兴道路》一书，我真诚地感谢他让我有机会在一个集中的时段里，对中国的"三农"问题有了一些思考，更为中国农业农村农民的美好明天平添了振奋。

（作者系浙江广电集团总编辑）

《光明日报》刊发程蔚东《走进新时代的乡村振兴道路——中国"三农"调查》的读后感

的，但是越深入移民，他的感情波涛越汹涌澎湃，结果一发而不可收，先后赴8个省市22个县区，扎进了1000多户移民家庭，用了20年时间，才让人民文学出版社出版了他的大型报告文学《新安江大移民》。这期间，他的工作岗位一换再换，行政级别一升再升，但是他心系故乡农民，这些情意深深地镌刻在字里行间。我当时担任浙江广播电视集团总编辑，读到《新安江大移民》时，深深地为这位从我们集团出去的广播老记者感到骄傲，骄傲的基点就是他的真情实感。其时我也刚出任浙江作家协会主席，为我们浙江文学界有了这个重大收获而颇为兴奋。

现在我在老记者的前面要加上农民两字，很显然，老童一个带着全套农民本色的老记者的真情实感全然反映在他对农业、农村、农民的思考和寻访上。我前面提到过一个时空概念，童禅福跑过了近千个村庄，思虑了“三农”走过的 70 年历史，也用了一个只要有一般阅读能力就能够读懂的文字体现，他是一心想把新时代的乡村振兴从心里面往外捧啊，他是要我们的农民兄弟都来思考乡村振兴的道路啊。我读着他的这本《走进新时代的乡村振兴道路——中国“三农”调查》，几乎感觉到他的呕心沥血。一位 90 多岁的老太太，在他的循循善诱下，竟然让当年的土改细节都栩栩如生；在 2017 年的梅雨季节，他走进仙居县云舍村，他不是去云游古村落，而是在一片危房面前思考有着 800 年历史的村庄振兴问题；一些地方大兴文化礼堂建设，他在深入乡村尤其是一些偏僻地方时，发现了有礼堂没文化的现象，他还进一步发现，出外打工的青年农民回乡，也把文化带回到礼堂来；2017 年 10 月 18 日的晚上，他在自己的书斋里，找出了党的十一大到十八大的所有政治报告，寻找我们的顶层设计在乡村振兴上的沿革变化。

一个农民老记者的深情阐述

——《走进新时代的乡村振兴道路》读后

Article- 程蔚东 Cheng Weidong

《走进新时代的乡村振兴道路》书影

童禅福把《走进新时代的乡村振兴道路》送到我手上的时候，我不由得吓了一跳，这部三十多万字的中国“三农”调查报告，几乎涵盖了东西南北中的中华大地，这是空间，也几乎跨越了新中国的七十年历史，这是时间。曾经长期担任广播记者，后又在政府领导岗位上辛劳的童禅福，年届 73 了，居然捧出这么一部巨著，我是打心眼里佩服，很少写读后感一类的文字，竟不由自主地流淌了出来。

写作是需要真情实感的，即使是长篇通讯，报告文学，甚至是理论色彩很浓的调查报告，有真情实感和没有真情实感效果是不一样的。老童出身在农民家庭，后来还成了新安江移民，他对农民、农业、农村的感情几乎与生俱来。别的不说，上世纪 80 年代末，已经成为国家广播电视系统优秀记者和全国先进工作者的童禅福，接受了当时的《人民日报》总编辑邵华泽的任务，开始撰写反映新安江移民的报告文学，本来是计划三年完成的，但是越深入移民，他的感情波涛越汹涌澎湃，结果一发而不可收拾，先后赴五个省市 22 个县区，扎进了一千多户移民家庭，用了 20 年时间，才让人民文学出版社出版了他的大型报告文学《国家特别行动 新安江大移民 迟到五十年的报告》。这期间，他的工作岗位一换再换，行政级别一升再升，但是心系故乡农民，情意深深地镌刻在字里行间。我当时担任浙江广播电视集团总编辑，读到《国家特别行动 新安江大移民 迟到五十年的报告》时，深深地为这位从我们集团出去的广播老记者感到骄傲，骄傲的基点就是他的真情实感。其时我也刚出任浙江作家协会主席，为我们浙江文学界有了这个重大收获，而颇为兴奋。

23

《浙江作家》2018 年第 2 期刊发

一位"农民老记者"的深情阐述——《走进新时代的乡村振兴道路——中国"三农"调查》读后

党章党规

学习经典

党建网报道

"解决好农业、农村、农民问题，事关全面建设小康社会大局。"就集体经济而言，党的十六大报告提出"壮大集体经济实力"，党的十七大提出"增强农业综合生产能力，发展乡镇企业，壮大县城经济"，党的十八大提出"壮大集体经济实力"，到了党的十九大，报告中再一次明确要求"壮大集体经济"。他意识到集体经济的壮大，是乡村振兴的根本，为此他把已经和出版社签好的协议中确定的出版时间推迟了，又做了一番调查研究，在抉择道路的几章里，又增添了一些壮大集体经济的生动事例。为此，他不仅深入浙江几处地方，还赶往天津等地，走村串户，把滕头村、郭家沟、王兰庄等地的集体经济兴旺之路做了全面阐述，提出了"三农"问题的解决必须建立以新集体经济为主体的社会主义乡村新社区的主张。所有这一切，都是因为童禅福的双脚深深地扎在农村的土地上，脑袋深深地思考着农业的发展，情感深深地系在农民的心坎上。

童禅福对“三农”问题的真情实感，也体现在他的真诚阐述上。就集体经济的发展，他表述了新中国成立初期的农民获得土地后的喜悦，也表达了让土地进入合作社的农民情怀，这让我想起柳青的《创业史》和浩然的《艳阳天》。他也表述了改革开放初期实行农民联产承包责任制的历史趋势，写金华老书记厉德馨的一章，有对党的实事求是思想路线的生动描述，时任浙江省委书记铁瑛对厉德馨的一番细心交代，今天读来，可以给我们带来多么重大的历史反思和进一步改革开放的时代勇气。即使在所谓“分田单干”的浪潮中，许多地方对集体经济的保护和发展，实际上有力地推动了乡镇企业和民营经济的蓬勃发展。他也通过详尽的调查，准确地表述了“八二宪法”“土地归国家所有”和农民获得承包权、经营权等权益并且长期不变的历史性选择，是中国特色社会主义新农村的厚实基座，也是党的十八大以来农村集体经济得以进一步壮大的根本。童禅福用了大量的篇幅，描写了在壮大集体经济的背景下，我国一些著名乡村的新景象，从某种意义上讲，也描述了我国实施乡村振兴战略以后的灿烂明天。老童的良苦用心是显而易见的。

现在，我们有必要完整地读一下习近平总书记在十九大报告中对实施乡村振兴战略的重要嘱托。“实施乡村振兴战略。农业农村农民问题是关系国计民生的根本性问题，必须始终把解决好‘三农’问题作为全党工作重中之重。要坚持农业农村优先发展，按照产业兴旺、生态宜居、乡风文明、治理有效、生活富裕的总要求，建立健全城乡融合发展体制机制和政策体系，加快推进农业、农村现代化。巩固和完善农村基本经营制度，深化农村土地制度改革，完善承包地‘三权’分置制度。保持土地承包关系稳定并长久不变，第二轮土地承包到期后再延长三十年。深化农村集体产权制度改革，保障农民财产权益，壮大集体经济。确保国家粮食安全，把中国人的饭碗牢牢端在自己手中。构建现代农业产业体系、生产体系、经营体系，完善农业支持保护制度，发展多种形式适度规模经营，培育新型农业经营主体，健全农业社会化服务体系，实现小农户和现代农业发展有机衔接。促进农村一二三产业融合发展，支持和鼓励农民就业创业，拓宽增收渠道。加强农村基层基础工作，健全自治、法治、德治相结合的乡村治理体系。培养造就一支懂农业、爱农村、爱农民的‘三农’工作队伍。”

读完农民老记者童禅福的《走进新时代的乡村振兴道路——中国“三农”调查》，我们可以明显地感受到他的真情阐述是在一个怎么样的历史高度和鲜活的现实意义上。我也真诚地感谢老童，让我有机会在一个集中的时间里，对中国的“三农”问题有了一些思考，为中国农业、农村、农民的明天平添了一些振奋。

（作者程蔚东，浙江广电集团原总编辑、浙江省作家协会原主席）

本文曾刊于 2018 年 6 月 13 日《光明日报》

本文曾刊于 2018 年 7 月 10 日《人民日报》

《走进新时代的乡村振兴道路——中国“三农”调查》读后感

童禅福同志是我们原浙江农业大学蚕桑系校友，他出生在浙江淳安山区一个贫苦农民家庭。在校时艰苦朴素、作风正派、学习勤奋、成绩优良。1969年毕业后，先担任广播记者，后调任浙江省政府领导部门工作，一路走来，他始终坚持脚踏实地、深入基层、调查研究、察访民情，及时向党委政府反映民众需求实情，提出建议，曾写过200多篇调研报告，出版多部著作，不少调研报告得到高层领导的肯定，为党和政府部门的决策提供了有力的依据，为基层民众解除了困苦，进一步加深了党和群众的感情。禅福同志几十年如一日，兢兢业业为党为人民服务的精神令人钦敬，无愧于浙江省优秀共产党员、劳动模范、全国先进工作者等光荣称号。

2018年11月24日高兴地收到禅福同志的新作《走进新时代的乡村振兴道路——中国“三农”调查》，我震惊了，这是他花了50多年漫长岁月，不畏艰辛，奔走全国各地乡村基层，对农业、农村、农民问题，实地察访、探索、思考，夜以继日地用心血写出来的长达30余万字的著作。它忠实地反映了我国70多年来农业、农村、农民面貌的变化，同时反映了人们对走进新时代的乡村振兴道路的渴望。

国以民为本，民以食为天。农业、农村、农民这“三农”问题关乎国之兴衰。毛泽东主席在1949年3月中共七届三中全会报告中指出：中国直至20世纪40年代末，还有90%左右是分散的个体农业经济和手工业经济，其落后程度同古代没有多大区别。中华人民共和国成立后，推倒了“三座大山”的压迫，为中国农业的振兴和现代化建设提供了可能。1952年完成了土地改革，实现了“耕者有其田”的梦想，极大地调动了广大农民的积极性，促进了农业生产的发展，接着进行农业合作化，解脱了小生产所有制的局限，迈上了社会主义集体化轨道。从中华人民共和国成立始到1978年止，近30年间，中国进行了空前规模的农业基本建设，水旱虫灾大为减轻，农业拖拉机、收割机和机电排灌动力大幅增长，化肥、农药和优良品种的育成、推广，以及耕作制度的改革等，使农业的单产和总产都有很大程度的提高，农民生活得到了改善。但其间农业发展也有过挫折，1955年因指导思想对合作化的要求过高、过急，工作过粗，使农业发展速度受到影响；接着1958年掀起“大跃进”、人民公社化运动，特别是1966年开始的“文化大革命”，更使农业遭到严重损失，农业集中统一的经营体制和平均主义的分配方式，压抑了农民的生产积极性，阻碍了农业劳动生产率和商品率的提高，使农业长期不能摆脱自给、半自给的落后状态；1978年12月十一届三中全会拨乱反正，纠正了过去“左”的错误，成为中国农业发展的转折点。全会指出，“农业是国民经济的基础，农业的高速发展是保证实现四个现代化的根本条件”，并指出：确定农业政策和农村经济政策的出发点是充分发挥社会主义制度的优越性和充分调动9亿农民的积极性。根据这一指导思想，改革开放后，1979年逐步推行农业经济体制改革，普及了以家庭承包为主要形式的联产承包责任制，实行了一系列搞活农村经济的政策，使农民有了经营自主权，从而有力地促进了农村商品经济的发展和农业生产水平的提高。在此基础上，各种乡镇企业迅速发展起来，为随着农业生产水平提高而产生的大量农村剩余劳动力提供了出路，为发展农村多种经营、引导农民脱贫致富创造了条件，同时也为积累资金推进农业现代化提供了可能。

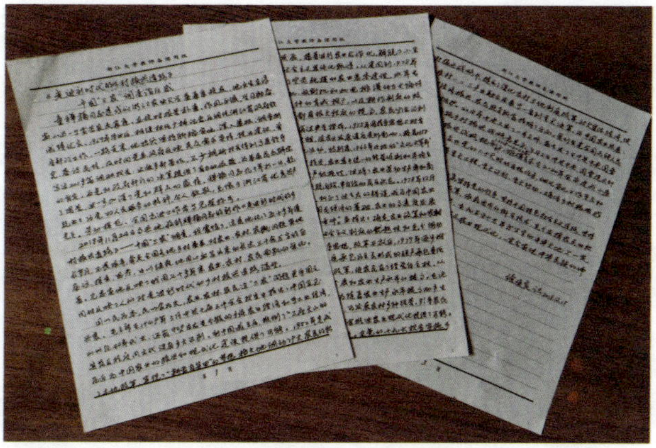

徐俊良教授书评手稿

习近平总书记十分重视“三农”问题。在党的十九大报告有关实施乡村振兴战略中，提出了深化农村土地制度改革壮大集体经济，促进农村一、二、三产业融合发展等一系列重大决策，为中国农业发展、农村经济振兴、农民脱贫致富指明了方向，受到全党全国各族人民的衷心拥护。2018年中央又发了一号文件，并下发了《中共中央国务院关于实施乡村振兴战略的意见》，之后，中共中央、国务院又印发了《乡村振兴战略规划（2018—2022年）》，明确要求在2020年全面建成小康社会和2022年召开党的二十大时的目标任务，细化实化工作重点和政策措施，部署重大工程、重大计划、重大行动，确保乡村振兴战略落实落地。

历史证明，只要坚持党的领导，坚持中国特色社会主义道路，坚持正确的路线、方针、政策，依靠适用的科学技术，充分发挥农民的积极性，坚持改革创新，发展新型集体经济，走共同富裕道路，在960万平方公里的中华大地上一定会实现中国特色社会主义农业现代化，乡村振兴这篇文章会越做越好，“三农”问题也一定会解决好，乡亲们的生活会越来越美好，中华民族的伟大复兴一定会实现！

（作者徐俊良，浙江大学蚕学系原系主任，博士生导师）

后记：徐俊良和童禅福是师生关系，为全面反映88岁徐俊良老师对《走进新时代的乡村振兴道路——中国“三农”调查》一书的真情评介，一字不改全文照录。他在给童禅福的短信中说：“我高兴地拜读了大作《走进新时代的乡村振兴道路——中国‘三农’调查》，很感动，您的坚定信念，深入基层、不畏艰辛、察访民情、调查研究、全心全意为群众排忧解难，向党和政府高层领导反映情况，提建议当仁不让，敢于直言的精神，令人敬佩。充分反映了您对党的忠诚，对人民群众，特别是农民的深厚感情，值得大家学习。我因时间关系和眼睛不大好，只是粗读了一遍。我将好好保存，这是一本很有历史价值的好书，要经常精阅、参考。”

发展壮大新型集体经济
才能全面建设小康社会

——《走进新时代的乡村振兴道路
——中国“三农”调查》读后感

如何实现乡村振兴？作为新时代的乡镇干部，需要我们用实干与担当去书写新华章。值此脱贫攻坚全面收官、全面建成小康社会实现第一个百年奋斗目标关键之时，我有幸读到人民出版社近日出版的《走进新时代的乡村振兴道路——中国“三农”调查》一书后，颇有感触。这部30多万字的中国“三农”调查报告，几乎涵盖了东西南北中的中华大地，也几乎跨越了新中国近70年历史，提出了许多富有前瞻性的深刻思考，预示着新时代乡村振兴的未来前景。

从现实来看，乡村发展存在的现实问题加剧了我们乡村振兴的实施难度。童禅福先生可以说“跑”遍了大江南北，他不仅深入到浙江滕头等几个村落，还赶往天津、河南、河北和江西等地的乡村调研，对刘庄、花园、郭家沟、王兰庄等8村1乡的集体经济兴旺之路做了全面考察，提出了“‘三农’问题的解决，必须建立以新集体经济为主体、多种经济成分并存的社会主义乡村新社区”的主张。这对于探索因地制宜的乡村振

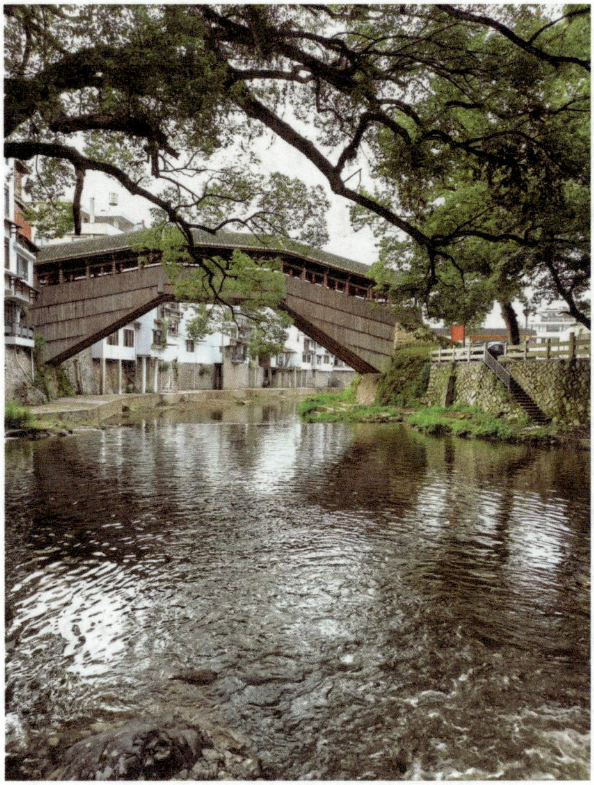

泰顺县三魁镇700多年的薛宅古廊桥

林正东/摄

兴战略模式，对有效推动区域农业全面升级、农村全面进步、农民全面发展具有重要的践行价值。

对于温州市泰顺县而言，在评估乡村发展现实问题的基础上,我们以“生态立县、旅游兴县、绿色高质量发展”为核心战略，但县域农村暴露出来的实际状况成为乡村振兴战略实施必须要关注和攻克的难题。一是农村严重“空壳化”。泰顺县是个“九山半水半分田”的山区县，经济发展相对滞后，人口分布呈现3个三分之一：三分之一的人外出经商打工，三分之一的人集中县城或中心城镇；剩下的三分之一的人待在本村，而且这部分人以老年人为主。村里年富力强的“能人”均在外创业，大学毕业生基本不回乡，本土留不住人，外面不进人，农村人口“空心化”现象越发严重。二是农田大量抛荒。由于土地碎片化，无法集约经营，成本高，加之野猪和自然灾害，收成不稳定，所以绝大多数农民早已不种田，有耕种的农田就集中在房子四周。三是集体收入普遍单一化。以三魁镇为例，镇域下辖 15 个村社，从 2019 年数据来看，村集体收入超过 50 万元的只有 2 个村，占比仅为 13.3%。究其原因，集体的土地山林资源几乎全部成了村民的私有资产，村集体缺乏集体经营的土地、山林，又没有集体办的企业，靠单家独户，没有形成合力。加上土地流转、征收程序复杂，导致项目引进难，村集体“造血”功能薄弱，大多数村经济是“空心”，只能靠政府财政转移支付的资金，维持着村级管理的运转。

从实践来看，特色定位差异化的发展是新时代乡村全面振兴的力量源泉。改革起始于乡村，还须重回乡村。童禅福先生如实记述了 8 村 1 乡在漫长历史过程中所走过的道路与变迁，

三魁镇外出经商户集资 700 多万元建成三魁廊桥　　林正东/摄

记载了他们坚定走以新集体经济为主体、多种经济成分并存的乡村共同富裕道路的历程。在这些乡村中，村民能够共享村集体经济发展所带来的效益与成果，同时也都自觉参与到了乡村自治与管理之中，这是实现乡村振兴的有效途径，也是新形势下的一种制度创新。近年来，泰顺县三魁镇基于村情实际进行了一些有益探索，与《走进新时代的乡村振兴道路——中国“三农”调查》中坚持土地集体所有、实行新的合作与联合的“理念”是一致的、相符的。

村企合作模式——以泰顺县三魁镇薛内村为例。该村位于县域西南部，下辖 9 个自然村，面积约 2.3 平方公里，共有 222 户 741 人，其中低收入农户 60 户 198 人。2010 年该村农民人均纯收入为 5730 元，是全省扶贫重点村之一。为改变该村贫困局面，推动富民强村，在镇党委的指引下，该村于 2011 年成立了温州瑞雪农业开发有限公司，由在外泰商注资，全体村民以地入股，共同开发经营全村资源要素，共同享受企业化运营带来的生产效益，初步构建了“泰商引领、覆盖全村”的薛内村—瑞雪公司村企合一模式“瑞雪模式”。经过短短 3 年时间的发展，瑞雪公司资产从 1200 多万元猛增至 4564 万元，全村农民人均纯收入增长至 12600 元，3 年翻了一番多，比全县农民人均纯收入 9158 元高出了 38%。不仅解决了全村 300 多个劳动力的就业问题，而且已开始辐射带动周边镇村农户，产生了良好的经济效益和社会效益。更为可贵的是，“瑞雪模式”创新实践了“泰商 + 公司 + 集体 + 农户”“四位一体”的新型农业合作体系，为欠发达山区加快现代农业发展、增加集体收入、提高农民增收注入了新的活力与动力。

新建的三魁镇卢梨文化礼堂(卢梨革命历史展览馆)

叶建民/摄

集体共享模式——以三魁镇卢梨村为例，该村地处县域北部，坐落在海拔 800 多米的高山之上，现有人口 1620 人，全村总面积约 9.3 平方公里，拥有树龄近 50 年的常绿阔叶林 1500 亩，素有“天然大氧吧”之称，是三魁镇省级森林公园的主体景区之一。卢梨村是个革命老区，1935 年冬，刘英、粟裕领导的中国工农红军挺进师来到了卢梨，利用亲邻关系发展党员的党建智慧、利用本土优势建立秘密交通站的用人智慧、利用古道系统开展游击战争的军事智慧，使得红色文化在这里得以弘扬和延续。1981 年，卢梨村经过集体表决，做出了 8500 多亩集体山林不承包到户，依然归集体所有集中管理的决定。从此，这 8500 多亩集体山林每年为该村集体经济带来30多万元的收入。近年来，卢梨村以“红色印象·古韵卢梨”为主路线，采取多种形式传承红色文化，擦亮乡村旅游品牌，让资源活起来、环境靓起来，以小城镇环境综合整治为载体，把刘英、粟裕办公旧址，革命历史展览馆，红军学校，寨顶战斗旧址，红军古道等这些遗址节点串点连线，建设集党性教育、爱国主义教育、实战体验、干部培训和休闲旅游等为一体的浙南红色实践基地，乡村振兴干出了名堂。现在的卢梨村，多渠道鼓励村民融入产业，引导农民多渠道增收，由党员牵头创办农民专业合作社，整合村内闲置农房发展民宿、特色农家乐，通过对那些荒废、难开垦的田地、荒山集中起来进行整体打造，种植彩色水稻、荷花

泰顺县三魁镇张宅村正在修建中的“百家宴”古建筑群　林正东/摄

等观赏性经济作物和开发高山精品茶园，促进转型就业，激发村民参与乡村振兴的热情，随着村中石矿的开采，相信村集体经济未来至少可以增加 1000 万元的收入。由此，农旅、文旅、红旅，卢梨村探寻的“产村融合”初见成效。

习近平总书记今年 7 月下旬在吉林考察时，7 月 22 日在梨树县康平街道八里庙村卢伟农机农民专业合作社现场调研会上，被社员们的一番话感动了。社员们说：“把地交给合作社放心,比我们个人种得好。”“一年分红 8000 多元，逢年过节合作社还给大家分豆油、白面，发福利。”“我在合作社当农机手,每月领固定工资。”“我得空在家里种种菜，还能去市场上换个零花钱。”“我平时在外打工搞室内装修，一年收入 4 万多。”“我养了 10 多头牛，一年收入七八万呢。”在听取社员们的这番激情发言后，习近平总书记十分高兴地说:“厉害啊!土地流转了，大家腾出手来了，可以在合作社工作，也可以搞些副业，多渠道增加收入。你们的探索很有意义……”接着又说:“农业合作社的道路怎么走，我们一直在探索。在奔向农业现代化的过程中，合作社是市场条件下农民自愿的组织形式，也是高效率、高效益的组织形式。国家会继续支持你们走好农业合作化的道路，同时要鼓励全国各地因地制宜发展合作社，探索更多专业合作社发展的路子来。”座谈会上社员们那番话释放出卢伟农机农民专业合作社成员经济收入的结构状况：一是合作社的分红；二是合作社的工资薪水；三是合作社以外多种经营的收入。他们的实践探索受到习近平总书记的肯定，这说明《走进新时代的乡村振兴道路——中国“三农”调查》书中提出的“在习近平新时代中国特色社会主义思想指引下，建立以新集体经济为主体、多种经济成分并存的社会主义乡村新社区，是新时代中国通向共同富裕的历史必然和发展趋势”的判断，完全契合习近平总书记的“三农”思想。只有走好农业合作社道路，发展壮大新型集体经济，个体、私营经济又能健康发展，农业合作社社员才能做到人人有事干，这样才不会出现贫困户、暴发户，从而实现家家都是富裕户，才能全面建成小康社会。当然，我镇薛内和卢梨 2 村发展集体经济、村民共享的 2 种不同模式,与《走进新时代的乡村振兴道路——中国“三农”调查》书中介绍的刘庄、周台子、王兰庄、航民等 8

1935 年中共闽浙临时省委在泰顺吴家山村的会议室旧址　叶建民/摄

村 1 乡经济规模差距甚远，但这 2 个村无疑都走上了土地合作与联合，建立新时代以新型集体经济为主体、多种经济成分并存模式的新路子，薛内、卢梨 2 村的做法已展示出显著的成效。这说明,我们探索的道路是走对了。我们要继续按照习近平总书记指出的，因地制宜发展合作社，壮大新型集体经济，走共同富裕的道路。

三魁镇改革开放 40 年来，依靠温州精神，全镇亿万富翁超过 200 家，银行存款达到 10 亿元，应该是一个十分富裕的乡镇了。但我镇去年农民人均可支配收入刚过 18000 元，离全省的 29876 元差距太远了。差距在哪里？差距是还有三分之二的人没有富起来，差距是文魁、武魁和财魁的“三魁”优势没

1935 年刘英、粟裕同志在泰顺县吴家山村的办公旧址　叶建民/摄

有发挥出来。三魁镇地处交通要道，1935 年 10 月任闽浙临时省委书记刘英曾在卢梨村等地战斗了 3 年，是浙南的红色之乡；三魁的“百家宴”文化闻名闽浙和东南亚；列入国家 32 座重点文物保护单位的廊桥，三魁镇就有 3 座，还有被省命名的三魁森林公园。这一张张金名片要擦亮，靠单家独户、单独作战是不行的，靠守家的三分之一老人也是没有出路的，这得依靠集体，要靠集体的智慧、集体的力量重新组织起来，发展壮大新型集体经济，搞好乡村旅游，推进旅游兴镇，发展高效现代农业，全镇 23000 多人才能走上共同富裕的道路，才能全面建成小康社会。当前，我们要下大力气，冲破传统观念，利用 2020 年村社换届之机统筹解决重大事情，把外出的一部分乡贤引回来，选出一批无私、干练、能干事的带头人，激发乡村振兴的内生动力，提高乡村发展的振兴指数。

我也将尽本人所能，带领地方一隅实行“集体搭台、农户唱戏”，在以新型集体经济为主体、多种经济成分并存的乡村共同富裕道路上继续探索，以构建生态宜居地、农村新型生活社区为目标，期待新时代乡村振兴新局面的快步到来。

（作者刘言素，浙江省泰顺县人大代表，三魁镇党委书记）

2020 年 8 月 13 日

土地重新合作与联合　乡村振兴才能实现

——读《走进新时代的乡村振兴道路
——中国“三农”调查》有感

一次偶然的机会，我结识了童禅福，不久他给我寄来了人民出版社出版的《走进新时代的乡村振兴道路——中国“三农”调查》一书。我细读了，书的序言中写道：在走上工作岗位后的50年，对农业、农村和农民“三农”的观察思考，特别是对当前农村2种不同土地经营模式的村落经济、政治、文化等进行调查剖析后，发现2种不同的土地经营模式，导致截然不同的2种结果，走以新集体经济为主体、多种经济成分并存的社会主义乡村新社区道路，没有暴发户，没有贫困户，家家都是富裕户。这段中国“三农”的经验总结和现状表述，使我这个在“三农”一线工作的乡镇干部感受颇多。我深深感到针对当前的“三农”问题，必须实行土地的重新合作与联合，发展壮大新集体经济，才能全面建设小康社会，让百姓走上共同富裕的道路。

40年前，小岗村联产承包责任制的创举，打破了当时生产关系不足以充分释放生产力的被动局面。时至今日，随着科技助农、信息助农，以及农业、农村生产生活方式的巨大变革，农村劳动力一方面大量流失，一方面逐年老化弱化，农业种植作物随市场应变的更替性加快，以及各个地方政府产业主导的强势推进，急需新型的、细分的、因地制宜的生产关系的重组和整合，从而引导区域农业、农村健康稳步发展，起到既保障国家战略层面的粮食安全，又保障农民土地收益的最大化、持续性的作用。这就要求在土地所有权、承包权、经营权“三权”关系明确后，农业经济合作社对全村的土地实行新的合作与联合，发展壮大新集体经济，实现共同富裕。这是《走进新时代的乡村振兴道路——中国“三农”调查》中提出的破解“三农”问题的基本出发点。

40 年的农村变革，以浙西山区农村地区为例，农业、农村暴露出一些区域性的问题特征。如，有些地区受环保要素的制约，家门口劳动密集型的企业基本没有，农村劳动力大量外

姜家镇郭村　　张宏敏/摄

出，导致除了一些培管精力需求较少的经济作物，类似山核桃、油茶等，其他农作物种植的面积越来越小，抛荒的区域越来越大。如有些地方政府，过多干预农业产业发展，为了创建特色产业品牌小镇，在市场研究不充分的情况下，用政策“大呼隆”引导农民种植小众经济作物，加上受市场、天灾影响，给农民带来了很大程度的损失，挫伤了农业发展的积极性。几年前有地方鼓励农民大面积种植榨菜，后来因为受北方市场的冲击，收购价不足成本价，榨菜大面积烂在了田里；近些年出现的农业大户困境问题，土地的政策与产业发展的政策得不到很好的融合，大户都以农业设施用地的名义审批建房，用于农旅融合的发展，开展一些类似农业观光、采摘游、农家乐等形式的项目，结果国土部门对大棚房实施整治，一刀切下来，取缔了这些规模种植大户的“三产”服务功能，使之流失了大量的游客和销售渠道，给农业大户带来了巨大的影响；再者就是农业品牌泛滥的问题，各个地区无论茶桑果竹都想打自己的品牌，从提高农产品附加值的角度来说无可厚非，但从市场规律的角度来看，品牌太多等于没有品牌，尤其是像浙西农业地区，土地面积小，规模种植不够，品牌支撑不了。有一个乡镇当时向上级政府反映自己的水果品质很好，但是没有渠道造成滞销，上级政府马上开辟了大型果蔬市场的专位，但是 2 天就断货了，品牌影响力根本无从谈起，等等。类似问题都是单家独户经营、小规模生产引发的区域“三农”面临的现实困境。

从理论上分析上述这些现状，小岗村的案例是因为当时以粗放式的农业生产为主，所以需要调整生产关系把原始的生产力释放出来，现在的生产力已经远远超越当年的情况，单兵作战的生产关系已经不适应现实的农业发展需求；规模经营加机械化的模式虽然是未来的导向，但很多地方地理、地形条件支撑不了农民单体的设备投入，无论是生产机械设备还是大棚喷滴灌等设施，单个的农业主体是吃不消投资的，回报率也是建立在规模连片的基础之上的；在传统农作物效益低下（如水稻、大麦、玉米）与国家粮食战略需要的矛盾之间，市场的选择往往引导农民用效益投票，农民往往是什么效益好、来钱快就种什么，土地上的歉收通过务工等其他形式创收来弥补。这样的土地经营模式一定会导致传统农业种植规模的缩小和萎缩。

面对当前农村的状况，《走进新时代的乡村振兴道路——中国“三农”调查》重点关注浙江航民等 8 村 1 乡经济、社会和文化发展的历史变迁。作者通过走访普通农户和基层党组织，实地调查记录了这些乡村在近 70 年时间内农村的生产力、生产关系（土地政策的调整）的变化。以大量第一手资料和原始凭证鲜活展示了党的十一届三中全会后，他们坚持实事求是的基本原则，选择了适应当地的发展道路，对全村的土地仍坚持集体所有、集中经营，农、工、游分工实施，发挥了每个人的特长，极大地调动了广大农民的生产积极性，解放了农村生产力的实情。最终的结论是这 8 村 1 乡彻底告别了“面对黄土背朝天”的传统生产模式，农业实现了现代化，走出了一条一、二、三产协调发展的新路。

《走进新时代的乡村振兴道路——中国“三农”调查》一书总结披露的8村1乡经验告诉我们：一要规模化。要重视发挥农民合作社的主体作用，村集体经济合作社把碎片化、门类化的土地资源整合起来，实行土地新的合作与联合。规模化、连片化种植经营必定是符合当前实际的，一来可以实现从释放劳动力到解放劳动力的提升，二来可以极大地降低农业生产的成本。二要市场化。引进农业主体参与农业规模化经营势在必

淳安县姜家镇再现千岛湖水下的古狮城　　张宏敏/摄

行，要从原先的联产承包责任制转型到承包联产主体制上来，保证承包权不变的前提下，鼓励农民把土地流转给集体、流转给大户，参与规模经营。市场主体无论是在资金、技术、渠道、标准、品牌等方面都有先天的优势。三要融合化。不能就农业搞农业，现在什么都讲跨界，农业也要与二产、三产相融合，这既是延伸产业链的需要，更是提升附加值的有效路径，也是留住农村劳动力的必然选择。地方政府要为农业的跨界提供政策引导和支持，尤其是在土地指标、空间规划、建设审批方面，要实事求是地给予绩效的考量，而不是搞一刀切的政策体系。四要信息化。要加大数字赋能建设的步伐，信息技术对农业生产力提升的作用显而易见，要加大数字基建的投入力度，无论是政府资金还是社会资本，再不能将农业基建简单地停留在修路、修渠、修坡的低级层面，要更多地投向数字化设施，借助科技的力量提升整体的产业水平。这 4 项工程的实施，村两委和村经济合作社要按习近平总书记吉林考察时指出的“要抓住实施乡村振兴战略的重大机遇，坚持农业农村优先发展，夯实农业基础地位，深化农村改革，发展壮大新型集体经济”那样进行。只有这样，才能巩固脱贫攻坚成果，防止返贫和产生新的贫困。

各级党委政府对当前“三农”问题要有危机感，坚持发展壮大以新型集体经济为主体、多种经济成分并存的社会主义乡村新社区，这是解决“三农”问题的唯一选择。

（作者王何勇，曾任淳安县委秘书，现任淳安县姜家镇党委书记）

2020 年 8 月 6 日

新型集体经济是乡村振兴的必由之路

——读《走进新时代的乡村振兴道路
——中国“三农”调查》有感

与童禅福先生的结识，源于我所进行的新安江移民口述史研究。10年前我曾认真拜读过他倾注20年心血所写的《国家特别行动：新安江大移民》。2018年12月17日，我专程去童先生办公室拜访，欣喜地见到了他的新著《走进新时代的乡村振兴道路——中国“三农”调查》，他郑重地签上名盖上章后送我一册。由于第二天恰逢改革开放40周年纪念日，我请他将落款日期写成2018年12月18日，以纪念这一伟大的时刻。

改革开放40年来，中国大地特别是广大农村发生了翻天覆地的变化；与此同时，土地碎片化、村子空心化、集体经济空壳化，致使大量农村公共事务出现没人办事、没事可办、没资源办事的情况，严重阻碍了农村经济社会的进一步发展。

情系“三农”、热爱调查的童先生，在近50年的工作生涯中，踏访了大江南北上千个村庄、上万户农家，写出了200多篇调查报告。如今，童先生虽年逾古稀，仍为乡村振兴鞠躬尽瘁，让我辈油然而生敬意。

童先生对“三农”新问题的担忧，我深有同感。我的老家就在杭州郊区的新登农村，人多田少，在农村推行联产承包责任制前，经常吃不饱饭，但农民们却每天起早贪黑忙碌在田间地头。那时候，每年“双抢”季节，几乎每个人都手指脚趾溃烂，晚上去生产队开会时的一项“规定动作”就是给溃烂处涂上紫药水。如今，吃饱吃好已不是问题，而且绝大多数农家盖起了三层楼的小别墅，村里的土路变成了水泥路，老百姓再也不用天天泡在田地里了。然而，过去种满粮食的田地，或者抛荒或者种上了树木毛竹，种田的主力变成了六七十岁的老人，种粮的目的也只是满足自己的口粮需要或者是作为一种养生消遣。村子里的年轻人越来越少，平日空荡荡的小别墅里只见几个老人。农村贫富差距拉开了，两极分化凸显了，村干部越来越没有威信了。村集体经济一片空白，村干部的工资和公共设施建设完全依赖上级拨款，村干部要么沉浸于自己的实业，要么只干上面布置的“三改一拆”等工作，乡村振兴缺乏动力与后劲。

童先生在其著作中开出了兼具建设性和可行性的“处方”，那就是发展壮大集体经济。党中央提出，在建立现代农业经营体系中，要“以合作与联合为纽带”的新思维、新举措去创造以新集体经济为主体的社会主义乡村新社区，这不但事关农村改革发展稳定的大局，而且是巩固党的执政基础、构建和谐社会的重要保证。

如何发展壮大集体经济？童先生通过对 8 村 1 乡的实地调查，提出了建设集体经济乡村新社区的三大要素：一是要有一个无私、干练、能干事的带头人，并依靠坚如磐石的党组织创大业；二是抓好支柱产业的开发，以强大的经济实力支撑起集体经济乡村新社区的平台；三是村上的资源只有实现集体所有、集体经营，集体经济才会逐日壮大，村才会兴旺，民才会富裕，村民们才不会走上两极分化。“没有暴发户没有贫困户，家家都是富裕户”的8村1乡，其共同点是“把承包到户的分散土地集中，由集体统一经营”。如今，连安徽凤阳小岗村也从40年前的“户户包田”走向村集体资产“人人持股”“按股分红”了。尊重农民意愿，集中农民承包的土地，村农业经济合作社才可以进行重新规划、重新布局、合理经营，集体经济才能发展壮大。

这就是社会主义公有制的优势。土地严重抛荒，集体经济空壳，一家一户单打独斗，基层干部和党组织无所作为，这不是社会主义的本来面目。小打小闹实现不了现代化，农村只有实行土地集体所有、集体经营，走以新集体经济为主体的路子才有希望。当然，这不是回到封闭僵化的老路上，而是通过建立农业合作社，破解土地碎片化困局，解除土地抛荒困境，优化土地资源配置，提高劳动生产率，实现农业增效、农民增收的目的。

乡村振兴，人才是关键。浙江省委早在2015年就出台了《关于全面加强基层党组织和基层政权建设的决定》，该文件提出“鼓励党政机关和企事业单位领导干部退休或退出现职后回村（社区）任职”。在年轻人才往大城市集聚、大学生村官难以扎根的背景下，这是一个花最小成本获取最大利益的高招。老同志们大多有农村生活经历，对农村农民有感情，工作有经验有思路，而且能超脱宗族利益，处事相对公道公正，如果落实到位，必然是推进乡村振兴的强大力量。

童先生实地调查的 8 村 1 乡走的社会主义新集体经济发展道路，是在不同的历史时期，通过实践而做出的抉择。这条经受实践检验的发展道路，让人民群众真正体验到了坚持社会主义理想信念的成就感、幸福感。有人说，这些村抓住了改革开放不同时期的发展机遇，今天已很难复制。诚然，原装全盘地复制克隆是不可能了，但他们的精神和方法是可以复制、可以推广的。改革永远在路上，机遇始终在身边，只要坚持走以新集体经济为主体的创新之路，发挥社会主义公有制的优势，后来者也可以居上。

童先生在著作的最后一部分充满了对践行“三农”的憧憬：如果一个县（市、区）有 10%的村土地实行集中经营，发挥集体化的优越性，坚持走以新集体经济为主体的社会主义乡村新社区的道路，壮大集体经济，发挥他们的集聚和辐射效应，走就地就近城镇化和城乡一体化的道路，乡村就会振兴起来。大多数的农民工就会纷纷返乡创业，“三农”问题也就迎刃而解了。

这是童先生的憧憬，也是我们每个人的憧憬。

（作者方建移，浙江传媒学院教授）

巨著堪为当今世人之药

——读《走进新时代的乡村振兴道路
——中国“三农”调查》一书有感

我与童禅福老先生已经相识多年。一开始，我便尊敬地称呼他为“童大厅长”！而他总是客气地称呼我为“韩大记者”或者“韩大作家”。其实，无论资历还是年龄，童老都该是我的长辈，若按照旧式的官场见面的规矩来论，我每次见他或者与他聊天之前必须得先恭敬请示过他的秘书或者随从一番；若他的秘书或者随从不待见，以我这样的年龄、身份或者地位，是不可随便与他探讨任何一件事情的，就连近距离喝茶也是绝对不可能的事。若攫取古诗词中的一句来形容，最恰当的一句应该是“位卑则足羞，官盛则近谀”，这句话虽然是韩愈《师说》里用来论师道的话，但是，用在我俩之间的关系上，在外人看来的感觉，似乎也是可以的。事实上，我与童禅福老先生之间的交往，一点都没带有任何官场等级观念，或者位卑还是官盛之类的纠缠，纯粹是“以文相会”。每次我到他的办公室里，与他坐下来，聊的即是文坛里一些七七八八的杂事，或者他最近写了什么，我最近写了什么，写得好与坏，社会反响的大小之类的。于是乎，这位在他的近作中自称“我来自大山，刚踏上工作岗位就在基层，后来进了省级机关。对农业、农村、农民都没有过深的研究，但近50年的工作生涯，大江南北至少踏访了村落千个、农家万户。对农业耕种收割我是熟悉的，对农村这片土地我是熟悉的，对农民生活状况我是熟悉的。因为我爱‘三农’，我爱调查，我爱参事。近50年，曾写出社会调查报告200多篇，有的引起了浙江省委、省政府领导的高度重视，有的甚至引起中共中央、国务院领导的重视”的童老先生，在我面前不仅没有任何官员的架子、长辈的教训姿态，居然还与我如此亲切地交流，实在让我大为感慨！

他这次摆在我面前的《走进新时代的乡村振兴道路——中国“三农”调查》这本书，厚厚的约31万字的著作，是他花了50年的时间，走访了中国南北近千个村庄，与近万户农家同吃同住、面对面交谈得来的长篇巨幅的调查报告。且不论其他，光这样扎扎实实调查的工作作风，就已经让我们后辈汗颜，且敬佩万分！值得学习！再阅读，更是感慨万千。“三农”问题的确如童禅福老先生所言，是击中了中国发展的脊梁骨的问题，是经济发展问题的重中之重，对当今中国来讲是一个相当有分量的调查研究课题。童禅福认为，“在习近平新时代中国特色社会主义思想指引下，建立以新集体经济为主体、多种经济成分并存的社会主义乡村新社区，是新时代中国通向共同富裕的历史必然和发展趋势”。这也是童禅福对中国“三农”走过的近70年特别是改革开放40年来历程的思考的全部释放。

这本约31万字的著作，我逐字逐句从头至尾阅读了两遍，感叹不已！发现这本著作翔实记录了整个农村改革历程，具有史诗般壮丽传奇色彩！是浙江农村直至中国农村发展改革史的重要研究成果，且对当下农村工作具有指导意义。书中不仅对农民进城发展，农村因为缺少劳动力而致田地荒芜的问题进行了前瞻性的思考，还对此类问题该如何解决，做出了翔实的具有现实意义的指导。书中还以生动的个案详细列举了“先富如何带动后富”的例子，确实既生动又有切实的理论高度。厚厚的一本调查报告读下来，我这个从小在城市长大的小文人，忽然有一种这个世界怎么在我面前又开了一扇窗的感觉。而童禅福老先生，如此50年如一日扎扎实实的调研精神，又是我们这一辈媒体人或者文人甚至是官员所缺少的。而他每次调查不拿农民一分钱，农民吃糠他吃糠、农民吃菜他吃菜的这种清廉，这种“先天下之忧而忧，后天下之乐而乐”的传统士大夫精神，让人敬佩，发人深省。官该怎么当？调查报告该怎么写？老一辈廉洁官员的工作作风又是如何？我想，童禅福老先生站在你面前，还有他的各种调查报告，他的这本花了50年时间撰写的31万字的调查报告，就是最好的诠释。我以为，有这样写作精神的人多几个，这样的官员多几个，当今民族的脊梁就会树立起来，中国农业问题、经济发展不均衡问题、基尼系数比较高的问题，甚至是中国传统文化如何继承发扬、如何传播的问题，官员腐败的问题……社会风气如何更为雅正的问题，均会解决！

都说当今社会过于浮躁，那么读读童禅福老先生写的这本

《走进新时代的乡村振兴道路——中国“三农”调查》，跟随他去走访一次，去办公室拜访他一次，你就会找到治疗当今社会浮躁病的方法。这本约31万字，花了50年时间写成的著作，这样扎扎实实的调研精神、这样廉洁的官员，是我等晚辈学习的楷模！掩卷长思，除了敬佩还是敬佩！除了学习还是学习！

（作者韩晓露，记者、作家，曾出版《雅话》等多部散文集）

三　新书作者与内参

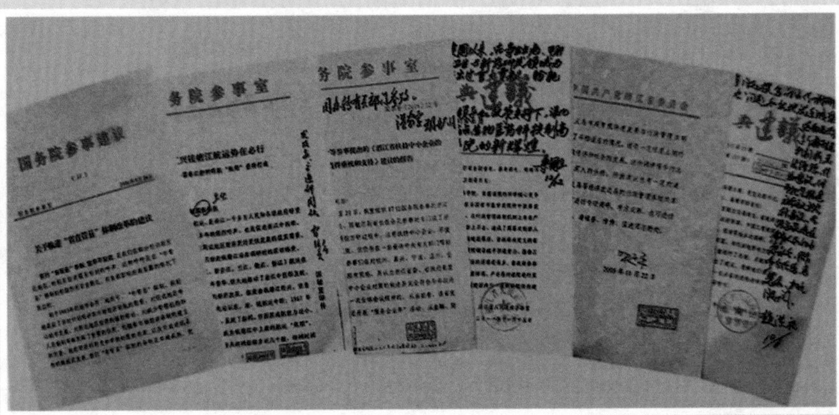

新书作者出生于农村，大学学农，走上新闻岗位后，主要关注“三农”报道。近50年的工作经历中，曾写出主要为“内参形式”的调研报告200多篇，有的是一昼夜赶写而成，有的是长达5年、10年甚至几十年打磨而成，不少调研报告在全国和省级评比中得过大奖。副省级以上领导直至习近平、胡锦涛、温家宝等中央和国家领导在新书作者所写的调研报告上批示过的，超过100人次，仅原浙江省委书记赵洪祝就在新书作者18篇调研报告上做过批示。他思考谋事的建议为高层领导决策提供依据，有的甚至形成党委、政府文件下发，有的帮助省委省政府解决了难题，还有反映社情民意的调研报告为平民百姓解决了困难，解除了疾苦。《走进新时代的乡村振兴道路——中国“三农”调查》出版后，为使新书发挥更大效益，作者又精心编写了《实行土地合作与联合　发展新型集体经济》的内参，人民日报社在2018年12月底编发了，国务院参事室在2019年1月初也编发了。

“老记者”童禅福：调研“三农”50年，乡村振兴著鸿篇

——《走进新时代的乡村振兴道路
——中国“三农”调查》撰写记

编者按：党的十九大报告中首次明确提出“实施乡村振兴战略”和“壮大集体经济”。前不久，《中共中央国务院关于实施乡村振兴战略的意见》对实施乡村振兴战略进行了全面部署，对谋划新时代乡村振兴进行了顶层设计。出版业在乡村振兴中也有着重要地位和积极作为——人民出版社近日新鲜出炉的重点图书《走进新时代的乡村振兴道路——中国“三农”调查》就是一个典型事例。作者为浙江省文史研究馆馆员童禅福。这位74岁高龄的“老记者”以把“基层跑遍、跑深、跑透”的“三跑”调研精神，以对“三农”深刻的理解和深厚的感情，足迹遍及大江南北千村万户，撰写了这本对乡村振兴具有重要实证意义的书。本期大篇幅报道童禅福的优秀事迹，作为商报的首次探索，今后还会聚焦精品力作背后的感人故事，以及成书过程中的点点滴滴。作为行业权威媒体，既站在产业行业高度，又接地气提供解决方案，不断推出像童禅福这样具有“三跑”调研精神的优秀作者、出版者，是我们的天职。

日前，韬奋出版奖获得者、人民出版社社长黄书元和首届范长江新闻奖提名奖获得者童禅福的双手紧紧握在了一起："您撰写的《走进新时代的乡村振兴道路——中国"三农"调查》生动、形象地阐述了乡村振兴的伟大战略，对新时代社会主义新农村建设具有典型示范意义，我们决定作为重点图书予以出版。"听到中国出版第一社掌门人肯定的话语，童禅福先生激动地回答："人民出版社是我'圆梦'的福地——这部书稿是我50多年调研'三农'问题和关注乡村振兴的'圆梦'之作。"

为乡村振兴楷模放歌

童禅福先生说："作为一个农民的儿子，对农作物耕种收割我是熟悉的，对农村这片土地我是熟悉的，对农民生活状况我是熟悉的。从浙江农业大学毕业后，无论是当记者，还是后来在省级机关工作，我一直对'三农'问题予以密切的关注。在50多年的岁月里，我走进了近千个村庄，访问了约万户农家，相继写出了调查报告200多篇，《走进新时代的乡村振兴道路——中国"三农"调查》的书稿就是在这样的背景和基础上撰写而成的。"

2015年初，浙江省文史研究馆选择"兰溪市农村文化建设"课题进行调研。参加调研的童禅福先生敏锐地发现，"三农"问题的根子在土地，在于土地的管理和经营，这是关系乡村振兴与否的关键所在。于是他油然而生一种强烈的使命感：继续深入农村调查研究，挖掘为乡村振兴奋力拼搏、带领农民共同致富的先进楷模。从此，他奔赴浙江、河南、河北和天津，大江南北的土地上都留下了他的足迹，一批坚持走新集体经济道路、促进乡村振兴的先进楷模映入他的眼帘——浙江省东阳市花园村党支部书记邵钦祥自己富了，不忘乡亲，自掏腰包给村集体“搭台”，鼓励村民们“上台唱戏”，集体经济壮大了，全村人也富了。天津市西青区王兰庄村党支部书记郭宝印把“心系群众、甘当公仆”写进自己的人生坐标，带领全村人走共同富裕的道路，建成了福利型社会主义乡村新社区。天津市蓟州区郭家沟村党支部书记胡金领，顺应民意把承包到户的土地再次集中起来由集体统一经营，依托“绿水青山就是金山银山”开展山村特色旅游，把一个昔日的穷山沟变成了“金山银山”，家家户户致富了。浙江省滕头村党委书记傅企平恪守“要求村民做到的，党员干部首先做到；要求党员干部做到的，党委成员首先做到；要求党委成员做到的，党委书记首先做到”的“三先”原则，凭着“一犁耕到头”的无私精神，带领大家走上了一条共同致富路。浙江方林村党支部书记方中华坚持走新集体经济致富之路，建成了家家都是富裕户的社会主义乡村新社区。这批乡村振兴先进人物带领的 8 村 1 乡出现了没有暴发户没有贫困户、家家都是富裕户，没有一个上访户，和谐稳定、欣欣向荣的喜人景象，成为所在省乃至全国的明星村，有的甚至名扬世界。8 村 1 乡的领头人全是所在省乃至全

CHINA PUBLISHING & MEDIA JOURNAL

中国出版传媒商报

（原《中国图书商报》）

2018年2月13日 星期二 第2406、2407期合刊 国内统一刊号CN11－0282 邮发代号1－217 国外代号D—4584

中央文明委召开第一次全体会议

中央精神文明建设指导委员会2月5日上午召开第一次全体会议。中共中央政治局常委、中央精神文明建设指导委员会主任王沪宁主持会议并讲话。国务院副总理、中央精神文明建设指导委员会副主任刘延东，中共中央政治局委员、中宣部部长、中央精神文明建设指导委员会副主任黄坤明出席会议。

王沪宁表示，做好今年精神文明建设工作，要聚焦学习宣传贯彻习近平新时代中国特色社会主义思想和党的十九大精神这个主线，推动学习宣传贯彻往实里走、往深里走、往心里走，引导干部群众自觉维护习近平总书记党中央的核心、全党的核心地位，维护党中央权威和集中统一领导。要主动自觉服务党和国家工作大局，在贯彻新发展理念、推进供给侧结构性改革、打赢三大攻坚战中积极作为，更好推动党中央决策部署的落实。要深入推进社会主义核心价值观建设，加强理想信念教育和革命精神教育，弘扬中华优秀传统文化，抓好青少年思想道德建设，培养担当民族复兴大任的时代新人。要深化群众性精神文明创建活动，发挥政策法律保障作用、先进人物示范作用、优秀文艺作品熏陶作用，不断提升国民素质和社会文明程度。要强化问题导向，每年扎扎实实推动解决几件实事，让群众有更多获得感、幸福感、安全感。要加强党对精神文明建设工作的领导，落实主体责任，推动新时代精神文明建设开创新局面。（据新华社）

编者按 十九大报告中首次明确提出了"实施乡村振兴战略"和"壮大集体经济"。前不久《中共中央国务院关于实施乡村振兴战略的意见》对实施振兴战略进行了全面部署，对谋划新时代乡村振兴进行了顶层设计。出版业在乡村振兴中也有着重要地位和积极作为——人民出版社近日新鲜出炉的重点图书《走进新时代的乡村振兴道路——中国"三农"调查》就是一个典型事例。作者为浙江省人民政府文史馆馆员童禅福。这位74岁高龄的"老记者"以把"基层跑遍、跑深、跑透了"的"三跑"调研精神，以对"三农"深刻的理解和深厚的感情，足迹踏遍大江南北千村万户，撰写了这本对乡村振兴具有重要实证意义的书。本期大篇幅报道童禅福的优秀事迹，作为商报的首次探索，今后还会聚焦精品力作背后的感人故事以及成书过程中的点点滴滴。作为行业权威媒体，既站在产业行业高度，又接地气提供解决方案，不断推出像童禅福这样具有"三跑"调研精神的优秀作者、出版者，这是我们的天职。

更多书摘书中内容请扫描二维码

"老记者"童禅福

调研"三农"50年 乡村振兴著鸿篇

《走进新时代的乡村振兴道路——中国"三农"调查》撰写记

■樊国安

日前，韬奋出版奖获得者、人民出版社社长黄书元和首届范长江新闻奖提名奖获得者童禅福的双手紧紧握在了一起："您撰写的《走进新时代的乡村振兴道路——中国"三农"调查》生动、形象地阐述了乡村振兴的伟大战略，对新时代社会主义新农村建设具有典型示范意义，我们决定作为重点图书予以出版。"听到中国出版"第一社"掌门人肯定的话语，童禅福激动地回答："人民出版社是我'圆梦'的福地——这部书稿是我50多年调研'三农'问题和关注乡村振兴的'圆梦'之作"。

为乡村振兴楷模放歌

童禅福说："作为一个农民的儿子，对农业耕种收割我是熟悉的，对农村这片土地我是熟悉的，对农民生活状况我是熟悉的。从浙江农业大学毕业后，无论是当记者，还是后来在省级机关工作，我一直对'三农'问题予以密切的关注。在50多年的岁月里我走进了近千个村庄，访问了约万户农家，相继写出了调查报告200多篇。《走进新时代的乡村振兴道路——中国"三农"调查》的书稿就是在这样的背景和基础上撰写而成的"。

2015年初，浙江省文史馆选择兰溪市农村文化建设课题进行调研。参加调研的童禅福敏锐地发现，"三农"问题的根子在土地，在于土地的管理和经营，这是乡村振兴与否的关键所在。于是一种强烈的使命感油然而生：继续深入农村调查研究，挖掘为乡村振兴奋力拼搏、带领农民共同致富的先进楷模。从此他奔赴浙江、河南、河北和天津，大江南北的土地上都留下了他的足迹。一批坚持走新集体经济道路、促进乡村振兴的先进楷模映入了他的眼帘——浙江省东阳市花园村党支部书记邵钦祥自己富了，不忘乡亲，自掏腰包给村集体"搭台"，鼓励村民们"上台唱戏"，集体经济壮大了，全村人也富了。（下转第4版）

三万亿培训市场出版机构如何分羹？

■中国出版传媒商报记者 田红媛

2016年，我国教育培训行业市场规模近2万亿。据估计，按照12%的自然增长，到2020年将突破3万亿，而这还远远不是顶峰。面对如此庞大的市场规模，拥有资源优势的出版业早有不少先行者纷纷试水，从尝试接触新业务，到专门成立培训中心、培训公司，将其作为发展规划的重要组成部分——教育培训正成为出版机构延伸产业链、探索多元发展的重要路径。

从出版机构类别划分，目前涉足教育培训市场的主要有少儿出版、教育出版和专业出版机构。如2014年9月，青豆书坊（北京）文化发展有限公司引进国外认证师资培训课程体系"如何说孩子才会听"，目前培训费用已达到每期6800元/人；中国人民大学出版社培训中心2017年举办版权业务专题培训班，课程费用1800元/人；中国财政经济出版社培训中心期货从业资格证培训网络班680元/人，面授解题班1800元/人。从培训内容来看，主要分为考试培训、技能培训、素质教育培训等。江西高校出版社教育培训中心教师资格证考前培训班有3800元/人、6000元/人、16800元/人、25800元/人等不同价位课程可选……经过近10年的摸索开拓，目前教育培训市场份额、发展概况如何？出版机构进入教育培训市场有哪些经验可借鉴、参考？看似成熟的运营模式背后又存在怎样的瓶颈亟待突破？

资源优势得天独厚 整体趋势持续向好

与民营培训机构相比，出版社拓展教育培训业务具有内容资源丰厚、师资力量雄厚、公信力高等天然优势。（下转第12版）

商报快递

《中共中央国务院关于实施乡村振兴战略的意见》出版

中国出版传媒商报讯 2018年中央一号文件《中共中央国务院关于实施乡村振兴战略的意见》单行本，已由人民出版社出版，即日起在全国新华书店发行。

该文件立足新时代"三农"发展新的历史方位，对实施乡村振兴战略作出顶层设计，把农业农村优先发展作为现代化建设的一个重大原则，把振兴乡村作为实现中华民族伟大复兴的一个重大任务，对新时代做好"三农"工作具有十分重要的指导意义。（禾）

团结出版社三十而立探索中小社改革发展路

中国出版传媒商报讯 2月7日，走过而立之年的团结出版社在京举行座谈会，庆祝出版社30年来改革发展取得的成绩，探讨中小出版社改革发展之路。民革中央常务副主席郑建邦，中宣部出版局、新闻出版广电总局出版管理司、中央统战部宣传办、财政部文化司代表莅会，有关专家、作者代表以及兄弟出版社和经销商代表参加座谈会。会议由团结社副社长赵广宁主持。

郑建邦指出，几代团结人，孜孜不倦谋改革，团结一心求发展，努力开拓，辛勤耕耘，打造出团结社这张独特的靓丽文化名片，团结社连续几年在中国图书海外馆藏影响力评比中进入百强，很不容易。希望团结社进一步增强四个意识，讲政治、抓导向，与中央保持高度一致，突出社会效益，提高政治站位，坚持抓原创，抓品牌建设，为民革和统战工作服务，力争成为出版界一支"火凤凰"，振翅高飞。

团结出版社社长兼总编辑梁光玉介绍了团结社30年的奋斗历程——从无到有，从小到大，以特色树品牌，不断创新，探索出一条中小出版社改革发展之路。推出一系列特色产品，如《民国人物传记书系》《辛亥著名人物传记》等民国人物传记系列图书，抗战题材系列图书，特别是反映全民抗战伟大历史事件的图书"国殇"书系，反映优秀传统文化的《群书治要考译》《谦德国学文库》（100种）等，还有2017年10月出版的《大道：多党合作历史记忆和时代新声》等新书，均受到海内外读者欢迎。团结社还打造了"人物传记音视网"和"中国近现代名人传记多媒体数据库""人物传记多媒体服务平台"，走出了传统出版与新媒体的融合之路。（晓理）

导读

敬告读者：
2月16日、20日休刊两期，祝广大读者新春愉快。

商报官微 中国出版传媒
商报官网 中国出版传媒
编辑：穆宏志 排版：姚志美

气搏云天奋犬年

岁末年初，在新春佳节阖家团圆之际，别忘了，带一本书踏上回家的旅途；别忘了，送一本书给你爱的他/她，让我们在阅读中享受岁月静好，在书香中共享家庭佳日。自2014年春节中国出版传媒商报首次推出并发布"贺岁书"起，今年已是第5年。每年推出一批"贺岁书"，既推广了全民阅读，又为春节增添一份浓郁的文化情怀，使得春节不仅仅意味着年夜饭、亲情、乡情，还意味着有"书香"的陪伴。

此次"贺岁书"推荐的图书，继续在坚持图书品质的基础上，凸显大众阅读、聚焦传统文化、着重阅读之趣。图书推荐范围以2017年1月－2018年1月在中国大陆出版的新书为主，以商报与新华网联合发布的"影响力图书"为基础书单，经媒体评审和专家评审推荐，推出以下7种在假期可慢慢细品的好书，以期为广大读者的春节假期提供一份阅读指南，增添一缕年味书香。

贺岁书

《习近平的七年知青岁月》中央党校采访实录编辑室著/中共中央党校出版社2017年8月版/76.00元

《诗的八堂课》江弱水著/商务印书馆2017年1月版/34.00元

《守夜人：余光中诗歌自选集》（中英对照）余光中著/江苏凤凰文艺出版社2017年3月版/35.00元

《博物志》[法]布封著 李海峰等译/外语教学与研究出版社2017年3月版/39.00元

《我是中国的孩子》（第一辑）徐鲁等著/海豚传媒策划，长江少年儿童出版社2017年5月版/350.00元（10册）

《劳燕》张翎著/人民文学出版社2017年7月版/58.00元

《中国古代技术文化》[illegible]著/中华书局2017年8月版/42.00元

主管主办：中国出版传媒股份有限公司 编辑部：(010)88810191-99 出版：《中国出版传媒商报》社有限公司 营销中心：(010)88810715/27/28/39 地址：北京西三环北路19号外研大厦北楼 邮编：100089 广告许可证：京西工商广告字第0199号 传真电话：(010)88817657 排版：本社 总编室电话：(010)88817702 印刷：人民日报印刷厂 网址：http://www.cpmj.com.cn 年价：298.80元

《中国出版传媒商报》2018年2月13日第1版

中国出版传媒商报 2018年2月13日 星期二 第2406、2407期合刊

专题

本版编辑：穆宏志 E-mail:372939655@qq.com 排版：姚志英

4

童禅福

曾任浙江省常山县和浙江人民广播电台记者，浙江省委、省人民政府信访局局长，浙江省民政厅副厅长，浙江省人民政府参事室参事，现为浙江省人民政府文史馆馆员。曾获得浙江省劳动模范、全国先进工作者，首届范长江新闻奖提名奖荣誉称号。

出版简介

《走进新时代的乡村振兴道路——中国"三农"调查》由"导言""引子""集体化道路""阳关道与独木桥""挑战'三农'的报告""坚定走好自己的路""披荆道路的报告""新'三农'现象报告""践行乡村振兴战略的撞撑"等12个重要章节组成，作者实地走访调查了具有代表性的农村，选择华北平原的河南、河北、天津以及东南沿海的浙江省花园村等8村1乡作为考察重点。从这几个乡村样本的半个多世纪社会经济发展和变迁中，运用马克思主义政治经济学的立场、观点和方法，进行概括、提炼，总结出一条走新集体经济为主体的农村共同富裕之路。

该书一是以事实为依据，数据详实。作者通过走访普通农户和基层党组织，实地调查了这些乡村在近70年时间内农村的生产力、生产关系（土地政策的调整）的变化。以大量第一手资料和原始凭证鲜活展示了十一届三中全会后，特别是实行家庭联产承包责任制后，极大调动了广大农民的生产积极性，解放了农村生产力，我国农村发生了翻天覆地的变化。二是文字流畅，思想深刻。作者的文风朴实，语句通顺，行文流畅。三是对破解"三农"难题提出富有启发性的意见和措施，可操作性强。作为新中国农村改革的亲历者，作者既深入其中，又能跳出来深入思考，对近70年我国农村政策的变迁、颁布的历史背景，以及对解决当时的农村经济、社会、文化等问题的积极作用以及弊端都能客观科学地进行考察，得出科学结论。目前，农村的生产力面临又一次解放的前夜，如何振兴乡村？如何走新集体经济道路，带领农民走上共同致富的道路？是摆在各级政府面前的巨大课题。

（上接第1版）

调研"三农"50年 乡村振兴著鸿篇

天津市西青区王兰庄村党支部书记郭宝印把"心系群众、甘当公仆"写进自己的人生坐标，带领全村人走共同富裕的道路，建成了福利型社会主义乡村新社区。天津蓟州区郭家沟村党支部书记胡金领，顺应民意把承包到户的土地再次集中起来由集体统一经营，依托青山绿水开展山村特色旅游，把一个昔日的穷山沟变成了"金山银山"，家家户户致富了。浙江省滕头村党委书记傅企平恪守要求村民做到的，党员干部首先做到；要求党员干部做到的，党委成员首先做到；要求党委成员做到的，党委书记首先做到的"三先"原则，凭着"一犁耕到头"的无私精神，带领大家走上了一条共同致富路。浙江方林村党支部书记方中华坚持走新集体经济致富之路，建成了家家都是富裕户的乡村新社区。这批乡村振兴先进人物带领的"8村1乡"出现了没有暴发户，没有贫困户，家家都是富裕户，没有一个上访户和消极稳定，欣欣向荣的喜人景象，成为所在省乃至全国的明星村，有的甚至名扬世界。"8村1乡"的领头人全是所在省乃至全国的先进人物，有的还参加了全国党代会、人代会、政协会。习近平、李克强等党和国家领导人分别视察过其中的不少村庄。河北省滦平县周台子村的带头人范振喜还出席了党的十七届三中全会，直接面对面地就"三农"问题向中央领导提建议……这批可歌可泣的乡村振兴楷模英雄群像全部被童禅福探动深情之笔收录在《走进新时代的乡村振兴道路——中国"三农"调查》一书之中。

为乡村振兴孜孜寻路

经过多年对"三农"的调查研究，为新时代乡村振兴破题"寻路"的重大思考一直萦绕在童禅福的脑际：上世纪八十年代初全国推行的土地家庭联产承包责任制解决了几千年遗留下来的农民温饱问题。但是先富起来如何带后富？共同富裕道路如何走？如何解决贫富差距造成的两极分化？《走进新时代的乡村振兴道路——中国"三农"调查》一书附录的《新农村建设中的难点和问题思考》等5篇调研报告，有力地体现了他对"三农"问题和乡村振兴孜孜"寻路"，深刻观察和前瞻性思考。2016年他在国务院参事室、中央文史馆主办的内刊《国是咨询》发表了《历史大变局下的农村新集体经济》的调研报告，用浙江省东阳市花园村等一批在全国坚持新集体经济，实现乡村振兴的实践证明"新集体经济推进了农村经济社会全面发展"，实现了"四个真正"：真正解除了农民的后顾之忧，坚定了广大农民的社会主义信仰、理想；真正实现了就地就近城镇化和城乡一体化；真正做到全村没有暴发户，家家都是富裕户；真正做到了物质文明、精神文明一起抓，农民群众生活丰富多彩。由此他决定撰写一部从根本上探索乡村振兴道路的书稿。"我撰写此书的初心就是要让天下人都来关心、重视'三农'，'三农'问题不解决，乡村振兴不起来要出大问题呀"。他举例为证：南方某省一个县级市政府牵头主办的现代庄园，把农民对土地的经营权流转出去，拿回的是500—800元数量不等的土地流转经营租金。农庄在原农民承包土地上开发旅游、观光、精品农业等产业，产生的产品增值收益与农民没有关系，就是说土地资本租金价值以外的升值收益农民无权享受，无权分红。农民只见庄园不见"果实"，成了新的失地农民。改革开放30多年来全国几乎所有的农村，都面临两种选择，两种前途——集体经济与小农经济的结局，前者是通向共同富裕的道路，后者虽然一时解决了温饱，最后却只是极少数人的发财致富，导致贫富悬殊。两种不同的土地经营模式导致了截然不同的两种结果。童禅福对《中国出版传媒商报》记者说，"在党的十九大开幕式上，当我听到习近平总书记在报告中提到'实施乡村振兴战略'这8个字时，我好激动呀！'三农'问题终于要解决了，乡村振兴大有希望了！"习总书记的报告一结束，他马上找出了党的十一大直至十八大的政治报告，查阅改革开放以来历届党代会关于"三农"的阐述，发现是党的十九大第一次明确提出了"实施乡村振兴战略"和"壮大集体经济"。童禅福接着说："日前发布的《中共中央国务院关于实施乡村振兴战略的意见》，对实施振兴战略进行了全面部署，明确提出走中国特色社会主义乡村振兴道路，加快推进农业农村现代化，这是谋划新时代乡村振兴的顶层设计。我认为，壮大集体经济，走新集体化道路是解决'三农'问题，实现乡村振兴的根本所在。花园村等全国'8村1乡'坚持走新集体化道路，就是以实际行动践行党的十九大乡村振兴战略的具体行动。"

为乡村振兴"三跑"调研

习近平总书记曾经对调查研究有过这样的论述，"基层跑遍、跑深、跑透了，我们的本领就会大起来"。作为在新闻一线奔波20多年、从事"三农"调研30年的"老记者"，童禅福是真正把"基层跑遍、跑深、跑透了"。他21岁在浙江省常山县广播站当记者时就几乎跑遍了全县340多个村庄。到浙江人民广播电台当记者后，全省90个县（市、区）也几乎走遍了一遍。正是凭着把"基层跑遍、跑深、跑透了"的"三跑"精神，他先后撰写大小调研报告200多篇，不少调研报告获得了中央高层领导的认可。2005年他撰写的调研报告《要着力推进义乌市行政管理体制改革》，时任浙江省委书记习近平亲自作了批示予以肯定，随后浙江省委、省政府列入重要改革试点，义乌市的行政管理体制改革得以顺利推进，并且走在了全国的前列。童禅福撰写《走进新时代的乡村振兴道路——中国"三农"调查》背后的故事，更是充满了"传奇"。他多次通过电话和微信向记者表示："作为一个农民的儿子，我要拼命为六亿农民搏一搏，为党中央和习总书记分分忧！"在他的办公室堆积着将近1米高的手写书稿，打印稿和修改稿，因为他不会使用电脑打字，25万字的书稿就是他用圆珠笔一字一句爬格子爬出来的，其中又反复修订，三易其稿，光是圆珠笔就用掉了30多支，这就是一位74岁老人每天的"业余工作"强度。有人指着他的一摞摞资料和书稿开玩笑说，你这老头儿还在做作业呀？由于废寝忘食地写作，他经常忘了按时吃饭，女儿只得给他雇了一位做饭的保姆；老伴儿患脊椎病在医院手术治疗，他一边照顾老伴儿，一边抽空琢磨写书的事儿。在天津采访时正值冬季，地处燕山脚下的赵家沟，房间虽然有暖气，但是对于他这个南方人来说仍然感到有些寒意，夜里睡觉把能盖的衣服全盖上了，还是冻得没有了睡意，在凌晨两点钟干脆穿好衣服，披上了棉被写起了赵家沟将青山绿水变成"金山银山"的故事……人民出版社接下他的书稿后，他又邀请该社第一编辑室主任崔继新和编辑孔欢博士到农村实地考察，寻找乡村振兴的真实感觉。他俩到浙江省东阳市花园村等村庄实地考察后，心灵受到了极为强烈的震撼：一是为童禅福这位"老记者"把"基层跑遍、跑深、跑透了"的"三跑"调研精神所震撼；二是为作者书稿反映的乡村振兴先进典型所震撼，一致认为"如果没有对'三农'相当深刻的理解和深厚的感情，这样一部对乡村振兴具有重要指导意义的书稿是撰写不出来的"。正是凭着这种调研精神，童禅福不仅撰写了大量的调研报告和撰写出版了《走进新时代的乡村振兴道路——中国"三农"调查》这部25万字的"大书"，而且撰写了《一个老记者的路》《竞访中国——社会调查四十年》《国家特别行动——新安江大移民》等"三农"题材的调研专著……他获得首届范长江新闻奖提名奖后，《中国记者》杂志称赞说："童禅福最大的特点是对工作、对他人的事，对采访对象，对人民，他都有一股火一般的热情和高度的责任感……"。是呀，我们伟大的新时代是多么需要童禅福这种对工作、对人民尤其是对"三农"和乡村振兴火一般的热情和高度责任感的"老记者"啊！

写作出版故事多

《走进新时代的乡村振兴道路——中国"三农"调查》写作出版过程中故事多多：一是写作中间，童禅福的夫人手术治疗；二是童禅福全部是手写稿子；三是初冬时节赶到天津采访；四是人民出版社编辑的"慧眼识珠"（编辑的眼光、社长的远瞩特批）……长期以来，童禅福养成了一个习惯，只要是看准的事，再难也要想方设法干成功；即使不成功，也不后悔。这成为他做人干事一向坚持的原则。从发黄发脆、墨迹斑褪的调研报告底稿，到沉甸甸的新著，童禅福谦逊地说："我只是一个倡导者和执笔者，实际上是集体和团队的智慧，是集思广益的成果，凝聚着众多同仁的辛勤和汗水，他们不仅把大局出思路，而且组织调研，督查落实，我要向诸多调研课题的合作者以及我的夫人韩香云致以崇高的敬意和诚挚的谢意！"1988年3月24日，因公出差上海途中，童禅福乘坐的列车遭遇车祸。危情时刻，他第一个钻入已被挤压成麻花状的车厢里，奋力抢救受伤的中日乘客。奋战7小时后，顾不得伤痛和辛劳，他写下《3·24上海撞车事故目击记》刊发在《钱江晚报》，这篇充满人文情怀的目击新闻，被评为当年度全国和浙江省好新闻一等奖。

调查研究接地气

习近平总书记说，"基层跑遍、跑深、跑透了，我们的本领就会大起来。""基层干部要接地气，记者调研也要接地气。"作为荣获首届范长江新闻奖提名奖，在新闻一线奔波20多年的"老记者"，童禅福真正做到了把"基层跑遍、跑深、跑透了"，而且实实在在地做到了"接地气"。

作为一个农民的儿子和新安江移民的后代，童禅福永远忘不了1965年考上大学的一幕，乡亲们再三叮咛："禅福呀，你将来要是当了官，千万要记得为我们农民说话，让党中央晓得我们新安江移民的苦……"大学毕业后，童禅福当上了记者。他没有忘记乡亲们和原人民日报社社长邵华泽先生的殷切嘱托："新安江移民为祖国建设作出巨大的牺牲，他们吃受到的震动，遭遇的艰难是不曾经历过的人难以想象的，他们的壮举要永世传承下去！"于是，45岁的童禅福重新当起了"记者"，踏上了为新安江移民著书的漫漫长路。为完成这部近30万字的专著，在20多年的时间里，在一个个翻山越岭、聆听记录、调研交谈和敲键撰书的日子里，他跑遍所能赣3省22个县、200个村，1000多户人家，寻访了2000多人，厚实的8本笔记本记录了移民们的故事。2009年1月，由童禅福主持完成的浙江省社科联重点研究课题《国家特别行动：新安江大移民——迟到五十年的报告》由人民文学出版社出版，同时获得浙江省"五个一工程"奖。这一切，让童禅福如释重负，对历史、对社会、对移民家庭，终于尽了应尽的责任；也让他无限欣慰，花20年的心血抢救一段尘封的历史，值得！

说起童禅福接地气的调查研究精神，浙江省作家协会原秘书长兼臧林十分感慨："作者历经二十多年的苦磨，上京入沪下江西，奔皖访淳去丽水，南南访谈，乡村串门，历经千辛万苦，行程两万多里，跨越浙赣皖三省八市（地），走访22个县的近200个移民村，[illegible]1000多个[illegible]新安江水库移民[illegible]，记录了大量新安江水库移民的真人真事。就凭作者对作品这种锲而不舍的精神就值得我们作家很好学习，在当今这个千变万化的世界里，只有深入生活深入基层深入实际，才能写出读者爱看，有震撼力的作品。"正是凭着一副铁脚板把"基层跑遍、跑深、跑透了"，童禅福不仅撰写了大量的调研报告，而且结集出版了《一个老记者的路》《社会调查四十年》《新安江大移民》和《走进新时代的乡村振兴道路——中国"三农"调查》等4部专著。这些专著撰写出版的背后都有着童禅福这位"老记者"、著作者令人感动的故事，有对事业理想的不懈追求；有调查研究过程中的酸甜苦辣；有对当前社会，尤其是对"三农"问题的深刻思考……

▶童禅福（右一）和人民出版社第一编辑室主任崔继新（右二）、编辑孔欢博士（左一）考察浙江省东阳市花园村时与该村党支部书记邵钦祥（左二）合影留念

▲童禅福（中）和浙江省常山县五里村乡亲一起议论乡村振兴美好愿景

▲《走进新时代的乡村振兴道路——中国"三农"调查》部分手稿

精彩书摘

"中国十佳小康村"——先富带后富共同富裕的花园村

邵钦祥这位先富带后富的领头人，为帮困付出了太多太多。刚开始，花园村集体经济还很薄弱，还拿不出多少钱为村上办公益事业，特别是2005年，花园村安居工程开始后，每家房屋拆迁补贴15平方的建房资金等31项全村的福利和村上基本建设资金，都是从花园集团有限公司里划拨，这家公司是邵钦祥创办的，是一家民营企业，也是他的私营企业。但邵钦祥把它作为花园村的集体企业，只要是花园村的事，他就肯花钱。花园集团党委金观前等几位副书记都说："从花园集团划拨给花园村的这一笔笔钱，已算不清了，毛估估，邵钦祥的这家独资民营集体企业，为花园村奉献至少20亿元。为了这笔巨资，邵钦祥在创业路上，流下了多少心血和汗水，没有经历过的人是不能体会到的，只有邵钦祥自己心里明了。"

2016年底，东阳市政府决定将环龙、郝塘、渼城下、东业、桥头、西塘、青龙、南城、西山9个村并入花园村。花园村从5平方公里扩大到12平方公里，农业户籍人口从4577人增加到9272人。花园村几乎成了中国土地上的"万人大村"。而并进的东业、渼城下等几个村的集体经济几乎是空白，其他的也是连干部的工资补贴都发不出的穷村。邵钦祥这位老人，接下了这烫手的山芋。2017年3月的一天，在9个新并入花园村的党员干部大会上，邵钦祥向9个村党员干部郑重发话了。他说："并村是上级党委、政府对花园村几十年工作的肯定，先富带后富，实现共同富裕是花园村的宗旨。今天花园村更大了，花园村党委、村委会决定并村先并心，不让村上一个人掉队。让家家户户、人人过上幸福的日子。决不辜负市委市政府的信任和期望。"

邵钦祥的开场誓言，博得全场长时间的掌声。不少党员干部边鼓掌边议论着，我们要过上好日子了。

邵钦祥带领新花园村"三级跳远"的第三跳，要起跳了。新并入花园村的3500多亩土地集中了，环龙等9个村的农民们开始了新的生活。从2017年3月1日开始，花园村实行了同村人人同待遇。5月的一天，我在花园村委会办事大厅采访，碰上了青龙社区来办养老保险的一位长者，我问："青龙村并入花园村，你们感觉如何？"他十分欣喜地说："好！我们每月每人可以到自己的社区领取大米三十斤，鸡蛋两斤，猪肉两斤，菜油一斤，还享受着每人医保4000元等31项村上的福利。简直是从糠箩跳入米箩，怎么不好呀！"这位长者又连声说："邵书记人好，邵书记是个能人。"

花园村能人创业，富了，又一心扑在集体事业上。集体富了，就如滚雪球一样，把花园村滚成了国际名村第一村。花园村如今已近万人，是一个名副其实的乡村都市，真正实现了就地城镇化。2017年，全花园村营业收入突破500亿元，总资产突破200亿元，实现利润10亿元，上交东阳市税收突破2亿元。那将是一个更加兴盛美好、人们向往的大花园。

花园集团有限公司，是邵钦祥一手培养起来的，可谓是他的小家，经营得有声有色。花园村是他的出生地，这片土地养育了他，花园村也可谓是他的"大家"，这小家和大家都是这位当家人的心头肉。他不偏不倚，一视同仁，甚至对"大家"比对"小家"更关注，更热心。

花园村荣获的荣誉很多很多："中国十佳小康村""全国文明村""全面小康建设示范村""党建工作者级示范村""全国基层先进党组织"，等等。

▼《走进新时代的乡村振兴道路——中国"三农"调查》童禅福著 人民出版社2018年2月版 48.00元

《中国出版传媒商报》2018年2月13日第4版

国的先进人物，有的还参加了全国党代会、人代会、政协会。习近平、李克强等党和国家领导人分别视察过其中的不少村庄。河北省滦平县周台子村的带头人范振喜还出席了党的十七届三中全会，直接面对面地就“三农”问题向中央领导提建议……这批可歌可泣的乡村振兴楷模英雄群像全部被童禅福先生挥动深情之笔收录在《走进新时代的乡村振兴道路——中国“三农”调查》一书之中。

为乡村振兴孜孜“寻路”

经过多年对“三农”的调查研究，为新时代乡村振兴破题“寻路”的重大思考一直萦绕在童禅福先生的脑际：20 世纪 80 年代初全国推行的土地家庭联产承包责任制解决了几千年遗留下来的农民温饱问题。但是先富起来的如何带后富？共同富裕道路如何走？如何解决贫富差距造成的两极分化?《走进新时代的乡村振兴道路——中国“三农”调查》一书附录的《新农村建设中的难点和问题思考》等 5 篇调研报告，有力地体现了他对“三农”问题和乡村振兴孜孜“寻路”、深刻观察和前瞻性的思考。2016 年他在国务院参事室、中央文史馆主办的内刊《国是咨询》上发表了《历史大变局下的农村新集体经济》的调研报告，用浙江省东阳市花园村等一批坚持新集体经济，实现乡村振兴的实践证明“新集体经济推进了农村经济社会全面发展”，实现了“四个真正”：真正解除了农民的后顾之忧，坚

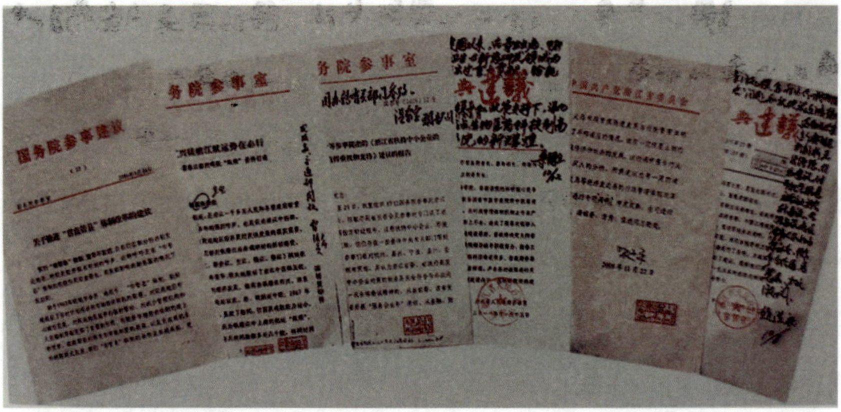

作者童禅福曾写出主要为“内参”形式的调研报告 200 多篇。图为中央和浙江省有关领导的批示

定了广大农民的社会主义信仰、理想；真正实现了就地就近城镇化和城乡一体化；真正做到全村没有暴发户没有贫困户、家家都是富裕户；真正做到了物质文明、精神文明一起抓，农民群众生活丰富多彩。由此他决定撰写一部从根本上探索乡村振兴道路的书稿，“我撰写此书的初心就是要让天下人都来关心、重视‘三农’，‘三农’问题不解决、乡村振兴不起来要出大问题呀”。他举例为证：南方某省一个县级市政府牵头主办的现代庄园，把农民对土地的经营权流转出去，拿回的是 500—800 元数量不等的土地流转经营租金。农庄在原农民承包土地上开发旅游、观光、精品农业等产业，产生的产品增值效益与农民没有关系。也就是说，土地资本租金价值以外的升值效益农民无权享受，无权分红。农民只见庄园不见“果实”，成了新的失地农民。改革开放 40 年来全国几乎所有的农村，都面临 2 种选择、2 种前途——集体经济与小农经济，前者是通向

共同富裕的道路，后者虽然一时解决了温饱问题，最后却只是极少数人发财致富，导致贫富悬殊。2种不同的土地经营模式导致了截然不同的2种结果。童禅福先生对《中国出版传媒商报》记者说：“在党的十九大开幕式上，当我听到习近平总书记在报告中提到‘实施乡村振兴战略’这8个字时，我好激动！‘三农’问题终于要解决了，乡村振兴大有希望了！”习总书记的报告一结束，他马上找出了党的十一大直至十八大的政治报告，查阅了改革开放以来历届党代会关于“三农”的阐述，发现是党的十九大第一次明确提出了“实施乡村振兴战略”和“壮大集体经济”。童禅福先生接着说：“日前发布的《中共中央国务院关于实施乡村振兴战略的意见》，对实施乡村振兴战略进行了全面部署，明确提出走中国特色社会主义乡村振兴道路，加快推进农业农村现代化，这是谋划新时代乡村振兴的顶层设计。我认为，壮大集体经济，走新集体化道路是解决‘三农’问题、实现乡村振兴的根本所在。花园村等8村1乡坚持走新集体化道路，就是以实际行动践行党的十九大乡村振兴战略的具体行动。”

为乡村振兴“三跑”调研

习近平总书记曾对调查研究有过这样的论述：“基层跑遍、跑深、跑透了，我们的本领就会大起来。”作为在新闻一线奔波20多年、从事“三农”调研30年的“老记者”，童禅福先生是真正把基层“跑遍、跑深、跑透”。他 21 岁在浙江省常山县广播站当记者时就几乎跑遍了全县 340 多个村庄。到浙江人民广播电台当记者后，全省 90 个县（市、区）也几乎走遍了一圈。正是凭着把“基层跑遍、跑深、跑透”的“三跑”精神，他先后撰写了大小调研报告 200 多篇，不少调研报告获得了中央高层领导的认可。2005 年他撰写的调研报告《要着力推进义乌市行政管理体制改革》，时任浙江省委书记习近平亲自做了批示予以肯定，随后浙江省委、省政府将义乌列入重要改革试点，义乌市的行政管理体制改革得以顺利推进，并且走在了全国的前列。童禅福先生撰写《走进新时代的乡村振兴道路——中国“三农”调查》背后的故事，更是充满了“传奇”。他多次通过电话和微信向记者表示：“作为一个农民的儿子，我要拼命为 9 亿农民搏一搏，为党中央和习总书记分分忧！”他的办公室堆积着将近 1 米高的手写书稿、打印稿和修改稿，因为他不会使用电脑打字，几十万字的书稿就是他用圆珠笔一字一句爬格子爬出来的，其中又反复修订，三易其稿，光是圆珠笔就用掉了 30 多支，这就是一位 74 岁老人每天的“业余工作”强度。有人指着他的一摞摞资料和书稿开玩笑说：你这老头儿还在做作业呀？由于废寝忘食地写作，他经常忘了按时吃饭，女儿只得给他雇了一位做饭的保姆；老伴患脊椎病在医院手术治疗，他一边照顾老伴，一边抽空琢磨写书的事儿。在天津采访时正值冬季，地处燕山脚下的赵家沟，房间虽然有暖气，但是对于他这个南方人来说仍然感到有些寒意，夜里睡觉把能盖的衣服全盖上了，还是冻得没有了睡意，在凌晨 2 点钟干脆穿好衣服，披上了棉被写起了赵家沟将绿水青山变成金山银山的故事……人民出版社接下他的书稿后，他又邀请该社第一编辑室主任崔继新和编辑孔欢博士到农村实地考察，寻找乡村振兴的真实感觉。他俩到浙江省东阳市花园村等村庄实地考察后，心灵受到了极为强烈的震撼：一是为童禅福这位老记者把“基层跑遍、跑深、跑透了”的“三跑”调研精神所震撼；二是为作者书稿反映的乡村振兴先进典型所震撼，一致认为“如果对‘三农’没有相当深刻的理解和深厚的感情，这样一部对乡村振兴具有重要指导意义的书稿是撰写不出来的”。正是凭着这种调研精神，童禅福先生不仅撰写了大量的调研报告，还撰写出版了《走进新时代的乡村振兴道路——中国“三农”调查》这部30多万字的“大书”，而且撰写了《一个老记者的路》《查访中国 社会调查四十年 咨询国是的报告》《国家特别行动：新安江大移民》等“三农”题材的调研专著……他获得首届范长江新闻奖提名奖后，《中国记者》杂志称赞说：“童禅福先生最大的特点是对工作、对他人的事、对采访对象、对人民，他都有一股火一般的热情和高度的责任感……”是呀，我们伟大的新时代是多么需要像童禅福先生这样对工作、对人民尤其是对“三农”和乡村振兴有火一般的热情和高度责任感的老记者啊！

写作出版故事多

《走进新时代的乡村振兴道路——中国“三农”调查》写

作出版过程中故事多多：一是写作中间，童禅福的夫人手术治疗；二是童禅福全部是手写稿子；三是初冬时节赶到天津采访；四是人民出版社编辑的“慧眼识珠”（编辑的眼光、社长的选题特批）……长期以来，童禅福养成了一个习惯，只要是看准的事，再难也要想方设法干成功；即使不成功，也不后悔。这成为他做人干事一向坚持的原则。从发黄发脆、墨迹渐褪的调研报告底稿，到沉甸甸的新著，童禅福谦逊地说：“我只是一个倡导者和执笔者，这本书实际上是集体和团队的智慧，是集思广益的成果，凝聚着众多同仁的辛勤和汗水，他们不仅把大局出思路，而且组织调研，督查落实，我要向诸多调研课题的合作者，以及我的夫人韩香云，致以崇高的敬意和诚挚的谢意！”1988 年 3 月 24 日，因公出差上海途中，童禅福乘坐的列车遭遇车祸。危情时刻，他第一个钻入已被挤压成麻花状的车厢里，奋力抢救受伤的中日乘客。奋战 7 小时后，顾不得伤痛和辛劳，他写下《3·24 上海撞车事故目击记》刊发在《钱江晚报》上，这篇充满人文情怀的目击新闻，被评为当年度全国和浙江省好新闻一等奖。

调查研究接地气

习近平总书记说：“基层跑遍、跑深、跑透了，我们的本领就会大起来。”“基层干部要接地气，记者调研也要接地气。”作为荣获首届范长江新闻奖提名奖、在新闻一线奔波 20

多年的老记者，童禅福真正做到了把“基层跑遍、跑深、跑透了”，而且实实在在地做到了“接地气”。

作为农民的儿子和新安江移民的后代，童禅福永远忘不了1965年考上大学的一幕，乡亲们再三叮咛：“禅福呀，你将来要是当了官，千万要记得为我们农民说话，让党中央晓得我们新安江移民的苦……”大学毕业后，童禅福当上了记者。他没有忘记乡亲们和原人民日报社社长邵华泽先生的殷切嘱托：“新安江移民为祖国建设做出巨大的牺牲，他们心灵受到的震动、遭遇的艰难是不曾经历过的人难以想象的，他们的壮举要永世传承下去！”于是，已经45岁的童禅福重新当起了“记者”，踏上了为新安江移民著书的漫漫长路。为完成这部30多万字的专著，在20多年的时间里，在一个个翻山越岭、聆听记录、调研交涉和熬夜疾书的日子里，他跑遍浙皖赣3省22个县、200个村、1000多户人家，寻访了2000多人，厚实的8本笔记记录了移民们的故事。2009年1月，由童禅福主持完成的浙江省社科联重点研究课题成果《国家特别行动：新安江大移民》由人民文学出版社出版，该课题成果同时获得浙江省“五个一”工程奖。这一切，让童禅福如释重负，对历史、对社会、对移民家庭，终于尽了应尽的责任；也让他无限欣慰，花20年的心血抢救一段尘封的历史，值得！

说起童禅福接地气的调查研究精神，浙江省作家协会秘书长郑晓林十分感慨：“作者历经20多年的苦磨，上京入沪下江西，奔皖访淳去丽水，高端访谈，乡村串门，历经千辛万苦，行程2万多里，跨越浙赣皖3省8市（地），走访22个县的近200个移民村，踏进1000多个散落各地的新安江水库移民家的门槛，记录了大量新安江水库移民的真人真事。就凭作者对作品这种锲而不舍的精神就值得我们作家好好学习，在当今这个千变万化的世界里，只有深入生活深入基层深入实际，才能写出读者爱看、有震撼力的作品。”正是凭着一副铁脚板把“基层跑遍、跑深、跑透了”，童禅福不仅撰写了大量的调研报告，而且结集出版了《一个老记者的路》《社会调查四十年》《新安江大移民》和《走进新时代的乡村振兴道路——中国“三农”调查》4部专著。这些专著撰写出版的背后都有着童禅福这位老记者、著作者令人感动的故事：有对事业理想的不懈追求；有调查研究过程中的酸甜苦辣；有对当前社会，尤其是对“三农”问题的深刻思考……

樊国安

本文原刊于《中国出版传媒商报》2018年2月10日

探访《走进新时代的乡村振兴道路》一书背后的故事

“老记者”童禅福 50 载“三农”调研路

近日，韬奋出版奖获得者、人民出版社社长黄书元和首届范长江新闻奖提名奖获得者童禅福的双手紧紧握在了一起：“您撰写的《走进新时代的乡村振兴道路——中国‘三农’调查》生动形象地阐述了乡村振兴的伟大战略，对新时代社会主义新农村建设具有典型示范意义，我们决定作为重点图书予以出版。”听到黄书元肯定的话语，童禅福激动地说：“人民出版社是我‘圆梦’的福地，这部书稿是我 50 多年调研‘三农’问题和关注乡村振兴的‘圆梦’之作。”

作为浙江省文史研究馆馆员，童禅福以 74 岁高龄的老记者身份，以把基层“跑遍、跑深、跑透”的“三跑”调研精神，以对“三农”深刻的理解和深厚的感情，足迹遍及大江南北千村万户，撰写了这部对乡村振兴具有重要实证意义的书籍。该书由“导言”“引子”“集体化道路”“阳关道与独木桥”“挑战‘三农’的报告”“坚定走好自己的路”“抉择道路的报告”“新‘三农’现象报告”“践行乡村振兴战略的憧憬”等 12 个重要章节组成，作者实地走访调查了具有代表性的农村，

农民日报

探访《走进新时代的乡村振兴道路》一书背后的故事——

“老记者”童禅福50载“三农”调研路

□□ 樊国安 本报记者 金慧英

近日，韬奋出版奖获得者、人民出版社社长黄书元和首届范长江新闻奖提名奖获得者童禅福的双手紧紧握在了一起：“您撰写的《走进新时代的乡村振兴道路——中国‘三农’调查》生动形象地阐述了乡村振兴的伟大战略，对新时代社会主义新农村建设具有典型示范意义，我们决定作为重点图书予以出版。”听到黄书元肯定的话语，童禅福激动地说：“人民出版社是我‘圆梦’的福地，这部书稿是我50多年调研‘三农’问题和关注乡村振兴的‘圆梦’之作。”

作为浙江省人民政府文史馆馆员，童禅福以74岁高龄的“老记者”的身份，以把基层“跑遍、跑深、跑透”的“三跑”调研精神，以对“三农”深刻的理解和深厚的感情，足迹踏遍大江南北千村万户，撰写了这部对乡村振兴具有重要实证意义的书籍。该书由“导言”“引子”“集体化道路”“阳关道与独木桥”“挽救‘三农’的报告”“坚定走好自己的路”“抉择道路的报告”“新‘三农’现象报告”“践行乡村振兴战略的憧憬”等12个重要章节组成，作者实地走访调查了具有代表性的农村，选择河南、河北、天津以及浙江等地的8村1乡作为考察重点。从这几个乡村标本半个多世纪以来的社会经济发展和变迁中，运用马克思主义政治经济学的立场、观点和方法，进行概括、提炼，总结出一条以新集体经济为主体的农村共同富裕之路。该书附录中的《新农村建设中的难点和问题思考》等5篇调研报告，集中体现了作者对“三农”问题和乡村振兴孜孜“寻路”的深刻观察和前瞻性思考。

50多年来，童禅福一直密切关注“三农”问题，他访遍千村万户，相继写出了200多篇调查报告。这本25万字的大书就是在这样的背景和基础上撰写而成的。2016年他在国务院参事室、中央文史馆主办的内刊《国是咨询》上发表了调研报告《历史大变局下的农村新集体经济》，用浙江省东阳市花园村等一批在全国坚持新集体经济、实现乡村振兴的实践证明“新集体经济推进了农村经济社会全面发展”，实现了“四个真正”：真正解除了农民的后顾之忧，坚定了广大农民的社会主义信仰、理想；真正实现了就地就近城镇化和城乡一体化；真正做到全村没有暴发户，家家都是富裕户；真正做到了物质文明、精神文明一起抓，农民群众生活丰富多彩。

《农民日报》对童禅福的报道

选择河南、河北、天津，以及浙江等地的8村1乡作为考察重点。从这几个乡村标本半个多世纪以来的社会经济发展和变迁中，运用马克思主义政治经济学的立场、观点和方法，进行概括、提炼，总结出一条以新集体经济为主体的农村共同富裕之路。该书附录中的《新农村建设中的难点和问题思考》等5篇调研报告，集中体现了作者对“三农”问题和乡村振兴孜孜“寻路”的深刻观察和前瞻性思考。

50多年来，童禅福一直密切关注“三农”问题，他访遍千村万户，相继写出了200多篇调查报告。这本约31万字的大书就是在这样的背景和基础上撰写而成的。2016年他在国务院参事室、中央文史馆主办的内刊《国是咨询》上发表了调研报告《历史大变局下的农村新集体经济》，用浙江省东阳市花园村等一批在全国坚持新集体经济、实现乡村振兴的实践证明“新集体经济推进了农村经济社会全面发展”，实现了“四个真正”：真正解除了农民的后顾之忧，坚定了广大农民的社会主义信仰、理想；真正实现了就地就近城镇化和城乡一体化；真正做到全村没有暴发户、家家都是富裕户；真正做到了物质文明、精神文明一起抓，农民群众生活丰富多彩。

金慧英

本文原刊于《农民日报》2018 年 4 月 11 日

50年，跑了近千个村庄

他写出30万字的《走进新时代的乡村振兴道路——中国“三农”调查》

最近，人民出版社新出版的重点图书中，一位74岁浙江人撰写的《走进新时代的乡村振兴道路——中国“三农”调查》，尤其引人注目。

作者是浙江省文史研究馆馆员童禅福。作为曾在新闻一线奔波20多年、从事“三农”调研30年的老记者，童禅福用把基层“跑遍、跑深、胞透”的“三跑”调研精神，撰写了这本对乡村振兴具有重要实证意义的书。

童禅福的办公室，没有电脑，桌上堆着将近1米高的手写书稿、打印稿和修改稿。他不会用电脑打字，30万字的书稿，是用圆珠笔一字一句“爬”出来的。“光是圆珠笔就用掉了30多支。”童禅福告诉记者。

童禅福在乡村长大，对这片土地有着深厚感情。从浙江农业大学毕业后，无论是当记者，还是后来在省级机关工作，他一直对“三农”问题予以密切的关注。1981年，浙江省第一篇关于承包到户的文章《五里翻身记》就是童禅福写的。他认为承包到户在当时的历史条件下，克服了很大困难，解放了生产力，使得中国的农村经济出现大的飞跃。

50 多年里，他走了近千个村庄，访问了近万户农家，相继写出了调查报告 200 多篇。《走进新时代的乡村振兴道路——中国“三农”调查》这本大部头著作就是在这样的背景和基础上撰写而成的，浓缩了他 50 年来对农村的深度观察和思考。

作者实地走访调查了具有代表性的农村，选择了华北平原的河南、河北、天津，以及浙江萧山航民村、宁波滕头村、东阳花园村和台州方林村等 8 村 1 乡为调查样本。

如何为新时代乡村振兴破题“寻路”，50 年来，童禅福一直在思考。20 世纪 80 年代初全国推行的土地家庭联产承包责任制，解决了几千年遗留下来的农民温饱问题，但是先富起来的如何带后富？共同富裕道路如何走？如何解决贫富差距造成的两极分化？《走进新时代的乡村振兴道路——中国“三农”调查》一书附录的《新农村建设中的难点和问题思考》等 5 篇调研报告，体现了他对“三农”问题和乡村振兴孜孜“寻路”的深刻观察和前瞻性思考。

“我写这本书的初心，就是要让天下人都来关心、重视‘三农’，‘三农’问题不解决，乡村振兴不起来，是要出大问题的呀。”童禅福说。

马　黎　王　平

本文原刊于《钱江晚报》2018 年 5 月 12 日

童禅福：守望民情的七旬“哨兵”

“我今年虽然72岁了，但总感觉手头有做不完的事情。在察访中国社会这项关系民生的工作上，粗粗一算，做这件事情有45个年头了。”近日，省文史研究馆馆员、省政府原参事、省民政厅原副厅长童禅福，在我县同弓乡、招贤镇、天马街道等地察访民情。他接受记者采访时表示，当前中国社会正处于转型期，广大农村正发生翻天覆地的变化，有许多方面需要用前瞻的眼光去察访，要及时从国家政策层面去引导规范，洞察民情、撰写报告、呈交谏言的工作具有必要性和紧迫性，特别是在时间上要有一个“提前量”。

农家子弟磨砺多

初见童禅福，黝黑的皮肤、壮实的个头、和蔼的神情，看上去就像一位平凡的乡村退休教师。但听他讲起“这件事情”，则会让人肃然起敬，又表明了他的不平凡。的确，熟悉童禅福的人，会称他为“大咖”“福参事”。因为，他拥有从农大学生、新闻记者到省信访局局长，从省民政厅领导到省政府参事的不平凡历程；因为，他用一双“铁脚板”，不辞辛苦、躬身亲为，访民情、传民声，解民忧、暖民心，踏遍青山人未老，永葆农家子弟的本色；因为，他在人民群众与党和政府之间架“桥”铺“路”，造福民生，佳话频传。

童禅福出生于1945年1月。1959年，因新安江水电站建设，他与乡亲们从老家移民到浙江省开化县，后来又随同乡亲们转迁到江西省德兴县。1969年7月，“放牛娃”出身的他从浙江农业大学毕业。当年12月，童禅福接受解放军再教育后，被分配到金华地委农业办公室工作。不料，他人还没去报到，家中接连遭遇变故。1970年，其父母相继离开人世。25岁的童禅福与年迈的奶奶扛起了抚育一个妹妹和两个弟弟的重担。于是，他要求到浙江省内离德兴最近的常山县工作，随后在常山广播站当起了记者。不久，童禅福把奶奶和两个不到10岁的弟弟接到常山一起生活。

“那年头，农民能吃上商品粮是极其困难的事情。我们每年得把德兴收获的1000多斤大米拉到常山来储存。这时，县里、站里的领导，编辑、记者同事们得知后，就用粮票向我奶奶购买大米，方便我家以票储存。”童禅福泪眼婆娑，深情回忆，“这是每家每户在帮我家分忧解难，避免全家老少吃变质米。常山人民的恩情我永世难忘！”那时，童禅福一边努力工作，一边和爱人以长兄代父、长嫂为母的情怀无私照顾弟妹，赢得了亲友称赞。

童禅福：
守望民情的七旬“哨兵”

通讯员 方均良

“我今年虽然72岁了，但总感觉手头有做不完的事情。在察访中国社会这项关系民生的工作上，粗粗一算，做这件事情有45个年头了。”近日，省文史研究馆馆员、省政府原参事、省民政厅原副厅长童禅福，在常山县同弓乡、招贤镇、天马街道等地察访民情，他接受笔者采访时表示，当前中国社会正处于转型期，广大农村正发生翻天覆地的变化，有许多方面需要用前瞻性的眼光去察访，要及时从国家政策层面去引导规范，洞察民情、撰写报告、呈交谏言的工作具有必要性和紧迫性，特别是在时间上要有一个“提前量”。

农家子弟磨砺多

初见童禅福，黝黑的皮肤、壮实的个头、和蔼的神情，看上去就像一位平凡的乡村退休教师。但听他讲起“这件事情”，则会让人感到肃然起敬，又表明了他的不平凡。的确，熟悉童禅福的人，会称他为“大伽”“福参事”。因为，他拥有从农大学生、新闻记者到省信访局局长，从省民政厅领导到省政府参事的不平凡历程；因为，他用一双“铁脚板”，不辞辛苦、躬身亲为，访民情、传民声，解民忧、暖民心，踏遍青山人未老，永葆农家子弟的本色；因为，他在人民群众与党和政府之间架“桥”铺“路”，造福民生，佳话频传。

童禅福出生于1945年1月。1959年，因新安江水电建设，他与乡亲们从老家移民到江西省德兴县。1969年7月，“放牛娃”出身的他从浙江农业大学毕业。当年12月，童禅福接受解放军再教育后，被分配到金华地委农业办公室工作。不料，他人还没去报到，家中接连遭遇变故。1970年，其父母相继离开人世。25岁的童禅福与年迈的奶奶扛起了抚育一个妹妹和两个弟弟的重担。于是，他要求到浙江省内离德兴最近的常山县工作，随后在常山广播站当起了记者。不久，童禅福把奶奶和两个不到10岁的弟弟接到常山一起生活。

“那年头，农民能吃上商品粮是极其困难的事情。我们每年得把德兴收获的500多公斤大米拉到常山来储存。这时，县里、站里的领导，编辑、记者同事们得知后，就用粮票向我奶奶购买大米，方便我家以票储存。”童禅福泪眼婆娑，深情回忆，“这是每家每户在帮我家分忧解难，避免全家老少吃变质米。常山人民的恩情我永世难忘！”那时，童禅福一边努力工作，一边和爱人以长兄代父、长嫂为母的情怀无私照顾家人，赢得了亲友称赞。

用“铁脚板”丈量三衢大地

早在读大学时期，童禅福是浙江农业大学“长征队”一员，他身体健硕，富有激情。有一回，他与118名学生，从杭州徒步出发，路经婺源、井冈山直奔韶山。有一天，浙农大学生为了赶到井冈山的茨坪见中央领导，他们连续步行了100多公里。结果，几乎人人脚上磨起了血泡，惟独来自浙西的“放牛娃”大学生童禅福的脚上不起泡。从此，他有一双“铁脚板”的美名不胫而走。

从事县域基层新闻工作后，童禅福激情满怀，始终以秉持“新闻永远在路上”的理念，敬业爱岗，报效“第二故乡”常山。每年的11月，是常山胡柚丰收的时节。因为缺乏稳定的销路和知名度，广大胡柚种植户普遍存在“卖柚难”问题。情系三衢、心忧柚农的童禅福，通过贴近实际、贴近生活、贴近群众的“三贴近”采访，用自己手中的笔，积极撰写农特产品促销的调查研究报告、胡柚文化系列等方面的文章，引起杭州、宁波、上海、苏州等地的公众关注，使得一度乏人问津的常山胡柚身价倍增。在常山广播站和县委报道组的10多个年头里，4000多个日日夜夜，他坚持在新闻的第一线，几乎跑遍全县340多个村庄，笔耕不辍，发稿无数，为推介常山，宣传常山作出了积极贡献。那时，童禅福每天编撰稿件5000字左右，经常起早摸黑地忙碌。由此，他被警卫称为“每晚最迟离开县委大院的人”。

“乡土记者要掌握好‘固根’与‘壮苗’两者间的关系，这体现在他对脚下那片土地的理解和把握，尤其是对那片乡土上的人物命运、文化个性的理解和把握。”童禅福说，“固根”，就是要真正地深入生活，坚守对生活和人民的热爱；“壮苗”，就是要不断学习新知，丰富自己的内心修养，要通过提高对生活的认知，能够用自己的作品感动人心，照亮人心。

“任何不平凡的事都是用平凡的坚守做出来的！”

1987年上半年，基于童禅福出色的业务能力，他被选调到省广电厅做新闻记者。在新的、更高的平台上，他对调查研究的热情仍不断升温。其中一件让童禅福谦称为“小事”的不平凡的事，使他成为新闻界名人。

1988年3月14日，童禅福乘火车出差。当天14时许，火车途经上海市郊时，发生列车相撞事故，有9节车厢被颠翻，童禅福也被甩出车厢外。在多人伤亡情况不明的险境中，他不畏艰险、舍己救人，第一个冲进车厢抢救旅客。在童禅福一个人救出两名女乘客后，又与一位消防战士一起抬出了5名罹难者。经历长达7小时的抢救工作，童禅福已精疲力尽。但是，在得知其中有多名伤员是日本友人的消息后，童禅福又不顾伤痛和疲劳，熬夜赶写长篇通讯《“3·14”上海撞车事故记者目击记》。该篇通讯在《钱江晚报》整版发表后，被国内外多家媒体转载，引起社会广泛关注。我国成功处置公共安全重大突发事故的表现，也博得了国际社会的好评。之后，该作品获得全国好新闻一等奖。

童禅福的敬业精神受到了中国记协名誉主席邵华泽和浙江省人大常委会原副主任许行贯的高度评价。他们称赞，童记者具有崇高的品行和扎实的采访能力，既做好了人民群众的“代言人”，又做好了党和政府的“发言人”，在为人民做好服务的同时，努力实践了党性和人民性的统一。

《衢州晚报》2017年1月6日第14版

用“铁脚板”丈量三衢大地

读大学期间，童禅福是浙江农业大学“长征队”的一员，他身体健硕，富有激情。有一回，他与118名学生从杭州徒步出发，路经婺源、井冈山直奔韶山。有一天，浙农大学生为了赶到井冈山的茨坪见中央领导，连续步行了100多公里。结果，他们几乎人人脚上都磨出了血泡，唯独来自浙西的“放牛娃”大学生童禅福的脚上没起泡。从此，他有一双“铁脚板”的美名不胫而走。

从事县城基层新闻工作后，童禅福激情满怀，始终秉持“新闻永远在路上”的理念，敬业爱岗，报效“第二故乡”常山。每年的11月，是常山胡柚丰收的时节。因为缺乏稳定的销路和知名度，广大胡柚种植户普遍存在“卖柚难”问题。情系三衢、心忧柚农的童禅福，通过贴近实际、贴近生活、贴近群众的“三贴近”采访，用自己手中的笔，积极撰写农特产品促销的调查研究报告、胡柚文化系列等方面的文章，引起杭州、宁波、上海、苏州等地的公众关注，使得一度乏人问津的常山胡柚身价倍增。在常山广播站和县委报道组的10多个年头里，4000多个日日夜夜，他坚守在新闻的第一线，几乎跑遍全县340多个村庄，笔耕不辍，发稿无数，为推介常山、宣传常山做出了积极贡献。那时，童禅福每天编撰稿件5000字左右，经常起早摸黑地忙碌。由此，他被警卫称为“每晚最迟离开县委大院的人”。

“乡土记者要掌握好‘固根’与‘壮苗’两者间的关系，这体现在他对脚下那片土地的理解和把握，尤其是对那片乡土上的人物命运、文化个性的理解和把握。”童禅福说，“‘固根’，就是要真正地深入生活，坚守对生活和人民的热爱；‘壮苗’，就是要不断学习新知，丰富自己的内心修养，通过提高对生活的认知，用自己的作品感动人心、照亮人心。”

“任何不平凡的事都是用平凡的坚守做出来的!”

1984 年上半年，基于童禅福出色的业务能力，他被选调到省电台做新闻记者。在新的更高的平台上，他对调查研究的热情仍不断升温。其中一件让童禅福谦称为“小事”的不平凡的事，使他成为新闻界名人。

1988 年 3 月 24 日，童禅福乘火车出差。当天 14 时许，火车途经上海市郊时，发生列车相撞事故。彼时彼刻，有 9 节车厢被颠翻，童禅福自己也被甩出车厢外。在多人伤亡情况不明的险境中，他不畏艰险、舍己救人，第一个冲进车厢抢救旅客。童禅福一个人救出 2 名女乘客后，又与一位消防战士一起抬出了 5 名罹难者。经过长达 7 小时的抢救工作，童禅福已筋疲力尽。但是，在得知其中有多名伤员是日本友人的消息后，童禅福又不顾伤痛和疲劳，熬夜赶写长篇《3·24 上海撞车事故记者目击记》。该篇新闻通讯在《钱江晚报》整版发表后，被国内外多家媒体转载，在社会上引起广泛关注。我国成功处置公共安全重大突发事故的表现，也博得了国际社会的好评。之后，该作品获得了全国好新闻一等奖。

童禅福的敬业精神受到了中国记协名誉主席邵华泽和浙江省人大常委会原副主任许行贯的高度评价。他们称赞，童记者具有崇高的品行和扎实的采访能力，既做好了人民群众的“代言人”，又做好了党和政府的“发言人”，在为人民做好服务的同时，努力实践了党性和人民性的统一。

在童禅福的职业生涯中，他曾任省委省政府信访局局长、省民政厅副厅长，曾被聘为省政府参事，现为浙江省文史研究馆馆员。一直以来敬业勤恳的他，曾获得浙江省劳动模范、广电部优秀记者、全国先进工作者、首届范长江新闻奖提名奖、浙江省优秀共产党员等荣誉。虽然职务提升了，但他平易近人、心系百姓的情操没变。精于书法的他，常常题写清代郑板桥的诗作《潍县署中画竹呈年伯包大中丞括》来警醒自己：“衙斋卧听萧萧竹，疑是民间疾苦声。些小吾曹州县吏，一枝一叶总关情。”他托物言志，表达了对民众的忧虑关切之情，以及自己的责任感与清官心态。近20年来，他夙兴夜寐、殚精竭虑，通过广泛深入的大量社会调查，撰写了调研报告《探索新时期信访工作的新路子——从调查处理几起信访案件引出的思考》，提出要树立“用群众工作统揽信访工作的理念”，也有效化解了诸多信访难题；撰写了《国家特别行动：新安江大移民》，倾注了真心真情，为30多万移民办了一件大实事、大好事……

“作为一位新安江水库移民，阿福曾在常山工作过10多年。多年来，他心系柚乡、体恤民情，为省委省政府制订出台相关惠农政策、造福民生做出了积极努力。他是一位党和政府信赖的老记者，也被乡亲们亲切地称为‘福参事’。”常山新安文化研究会秘书长徐寄兰是童禅福的发小，他陪童禅福在招贤镇五里村与老农拉家常时幽默地说。

方均良　徐志斌

本文原刊于《衢州晚报》2017年1月6日

想国事　研国情　献国策

——读童禅福同志三部参政国是的调研报告有感

继《国家特别行动：新安江大移民》《察访中国　社会调查四十年　咨询国是的报告》两部厚重的社会调查报告给人们带来巨大震撼后，童禅福同志又乘着庆祝改革开放40年的春风，独具慧眼、高瞻远瞩地著述了一部更深层次的鸿篇巨

理论与实践　2018年7月14日 星期六　责任编辑：刘波 电话：64831307　今日千岛湖　3

想国事 研国情 献国策

读童禅福同志三部参政国是的调研报告有感

弘青

感悟与启迪

◇传承文献名邦要付诸行动，要与时俱进打造新时代的文化产品。

◇关心国家大事，匹夫有责，要成为有梦、追梦人的座右铭。

◇要成就一件大事，必须拥有坚忍不拔的精神，必须有坚定不移的努力志向。

◇记住乡愁、热爱故土是永远不能忘的。

继《国家特别行动·新安江大移民·迟到五十年的报告》、《察访中国·社会调查四十年·咨询国是的报告》两部厚重的社会调查报告给人们带来巨大震撼后，童禅福同志又乘着庆祝改革开放四十年的春风，以独具慧眼、高瞻远瞩地著述了一部更为深层次的鸿篇巨制——《走进新时代的乡村振兴道路——中国"三农"调查》。《今日千岛湖》以特大篇幅并加按语刊载了作者表述写作这本书初衷的文章《我为什么要写中国"三农"调查》。中国出版传媒商报和中华读书报等也以专版的篇幅或介绍这本书，或刊载这篇文章。

读了这三部专著，给我产生怎样的印象呢？

在泱泱的中华文明史上，曾产生过许许多多著名的文人、奇人和伟人。他们用切身的体验与感悟写下了襟怀坦荡、光照史册的至理名言。如北宋政治家兼文学家范仲淹的"先天下之忧而忧，后天下之乐而乐"，明末清初的政治家兼思想家顾炎武的"天下兴亡，匹夫有责"，现代伟大教育家陶行知先生的"人生为一大事来，做一大事去"。伟大的革命家、思想家、文学家鲁迅先生则把勤奋工作为民请命的人称誉为中华民族的"脊梁"。春秋战国时鲁国的乡间谋士曹刿（这是一位奇人）以"位卑未敢忘忧国"的胸襟要求参政国家大是，力主与国君同乘一辆战车共同指挥事关国家存亡的重大战役，最终在曹刿正确的战略思想与作战方法指挥下，弱小的鲁国战胜了来犯的齐国，成为历史上以弱胜强的著名战例等等。倘若用这些名人的言行来剖析童禅福同志的勤学善思、敢于有梦有为，就能清晰感悟到他的思想光芒和人格魅力。他是我认识的一位常怀国家忧患之思，常念人民之托的不凡的淳安儿女。

在这位不凡的淳安儿女身上，让我们得到哪些感悟与启迪呢？

其一，传承文献名邦要付诸行动，要与时俱进打造新时代的文化产品。2012年春节前我曾赴千岛湖参观了邵华泽先生的书法摄影展，看到邵老的辉煌成就为家乡赢得了不少荣耀，就产生了一种感慨，即淳安的文献名邦历史谁人来续写？我想，淳安素有的"文献名邦"之誉为淳安的后代子孙带来了无尚的荣耀与自豪，倘若没有现代的传承者，也没有现代文化建设的举措，致使后继乏人，那么这种荣耀与自豪随着年代的流逝也会逐渐淡去，后辈人谈起自己故土也就不那么自豪了。邵老用自己的行动，用自己的文化产品回答了这个问题。为此，我专门写了《从邵老身上想到的……》一文，发表在《今日千岛湖》上。如今看到童禅福同志这样斐然成篇的大部头著作接踵诞生，我的脑海中即感到这是淳安"文献名邦"文化这根藤上结出的硕果！淳安近年来，由于邵老擎起了淳安文化在全国的一面大旗，在这面大旗的挥动下，淳安文化、教育、科技界均产生了许多优秀的人物。笔者在《坚定文化自信 传承文献名邦——谈一谈传承文献名邦的话题》（载2017年6月30日的《今日千岛湖》）中对"文献名邦"的内涵作了粗浅的诠释，并对涌现出来的各行名人作了较为详细的点赞。令我们欣喜的还有，邵老从全国最大的党报《人民日报》总编位置退下后，今又有淳安籍的人接踵登上了副总编的位置。据知情人告诉我，浙江省委、省人民政府总共聘任了40位参事，淳安籍的就占了4席，他们是童禅福、徐金才、罗卫东、江屿，占了总参事数的1/10，这在全省范围内是稀有的，值得淳安人民庆幸。

其二，关心国家大事，匹夫有责，要成为有梦、追梦人的座右铭。童禅福同志是一个敢于有梦、勇于追梦的人。上世纪八十年代初，童禅福同志接受了邵老交付他的要写新安江大移民，反映移民的艰难生活的任务后，他就下定决心要为淳安的父老乡亲代言，向党中央反映移民的真实情况。诚如他自己所说的："记下父辈们的悲壮，一直是我这位淳安游子的夙愿。"为了完成这个夙愿，于是"上京入沪下江西，奔赣访淳去丽水，高寨访谈，乡村串门，历经千辛万苦，行程两万多里，跨越浙赣皖三省八个市（地），走访二十二个县的近二百个移民村，踏进了一千多户散落各地的新安江水库移民家的门槛"，记录了大量新安江水库移民的真人真事，历经二十多年磨砺，终于编著了"一部有历史价值和现实价值的难得的好作品"（原浙江省委书记李泽民的话）。这就是他筑梦、追梦、圆梦的过程。第三部书《走进新时代的乡村振兴道路——中国"三农"调查》出来了，为了与读者沟通，他写了《我为什么要写中国"三农"调查》一文。文中写道："'三农'兴衰，匹夫有责。我要为6亿农民去呼唤，要为党中央去分忧。"这就是他筑梦、追梦的缘由。

其三，要成就一件大事，必须拥有坚忍不拔的精神，必须有坚定不移的努力志向。《我为什么要写中国"三农"调查》一文中有这样一段文字："我写的调查报告，特别是这本中国'三农'大调查，30多万字呀！老花眼加白内障，戴着老花镜，一手拿着放大镜，一手拿着圆珠笔，有时候甚至凭着感觉，一字一字在白纸上画。圆珠笔也不知道写掉多少支，反正手稿加一遍一遍求人打印的修改稿加在一起将近一米高。中国'三农'大调查才终于杀青完稿。"当我读到这里，我的眼眶里不禁涌动了泪珠，完全被他这种顽强奋斗、坚忍不拔的精神所打动了。

唐代大诗人李白有诗云："天生我材必有用。"这就是说，每个人来到世上都是能派上用场的。但是派什么用场，又如何发挥人生的最大价值，这取决于一个人的志向。童禅福同志出身贫寒，他6岁开始放牛，9岁上学，10岁辍学，14岁时又遇上罕见的水库大移民，艰难家贫的生活从小就磨砺了他的意志品质。大学毕业后曾为记者，曾为官，二十多年前他立志要写新安江移民志，那是因为他是移民的后代，牢记乡亲的嘱托，不忘初心。如今他坚定不移要写中国的"三农"问题，那是因为他认识到"三农"问题是实施乡村振兴战略的根本性问题，同时"三农"发展中依存的集体经济是他求学过程中得以延续的靠山，他尝到了集体经济的甜头。他说，我读书靠的是乡村里集体经济的帮扶，如果没有集体经济的帮扶，我的书是读不下去的。因此，当他听到习近平总书记在十九大报告中铿锵有力说到"壮大集体经济"的话时，他是多么兴奋啊！"志不立天可成之事。"循着他写的三部书的足迹，都可找到他的志向，找到他从志向出发而产生的正能量。

其四，记住乡愁、热爱故土是永远不能忘的。我和童禅福同志经常在一起聊天，聊得最多的是淳安老百姓的事。有时他也用威坪话说："我的（di）是淳安人，淳安人就要讲淳安老百姓的故事。"在童禅福同志写的文章和著作中，让家乡人民"望得见山，看得见水，记得住乡愁"的情感是十分浓郁的。他曾专题写了《我爱文献名邦的故乡》，对故乡雕塑耀眼的文化用考证的数据来表述，《新安江大移民》这本书处处记录着故乡的山、故乡的水和难以忘怀的"乡愁"，《走进新时代的乡村振兴道路——中国"三农"调查》这部新作，开卷就从他的出生地松崖村的土地改革写起。作者通过一位从1950年土改时担任民兵连长，1954年开始担任松崖村党支部书记一直到1984年卸任，有30年经历的"老书记"，如今已90多岁的孙彩盖历历在目的回顾，表述了几十年来"三农"的变更，把读者的视觉拉得很近。情系故土、不忘乡愁，既是他人生路上情感的寄托，也是他创作的动力。

《走进新时代的乡村振兴道路——中国"三农"调查》一书的序言中这样写道："一个人，哪怕是一个伟人，是人，不是神，总会有这样那样的思考，这样那样的举措，留下的是时代的印记，让人自我感悟、自我反省、自我觉醒、自我创新，这才是一个中国共产党人的一种坦荡胸怀。"我读了童禅福同志这三部"想国事、研国情、献国策"参政国是的巨著，受到最深触晓的启迪和教育就是：他作为一名党性很强的共产党人始终不忘初心、牢记使命，对国家大政、民生大事进行"这样那样的思考"，写出这部部大作，给人留下"时代印记"，让人去感悟、反省、觉醒、创新，尔后开辟出属于自己的，也是属于国家的、人民的新天地。

《今日千岛湖》2018年7月14日第3版"理论与实践"

制——《走进新时代的乡村振兴道路——中国“三农”调查》。《今日千岛湖》以特大篇幅并加按语刊载了作者表述写作这本书初衷的文章《我为什么要写中国“三农”调查》。《中国出版传媒商报》和《中华读书报》等也以专版的篇幅或介绍这本书，或刊载这篇文章。读了这3部专著，我产生了怎样的印象呢？

在泱泱的中华文明史上，曾出现过许许多多著名的文人、奇人和伟人。他们用切身的体验与感悟写下了襟怀坦荡、光照史册的至理名言。如北宋政治家兼文学家范仲淹的“先天下之忧而忧，后天下之乐而乐”，明末清初的政治家兼思想家顾炎武的“天下兴亡，匹夫有责”，现代伟大教育家陶行知先生的“人生为一大事来，做一大事去”，伟大的革命家、思想家、文学家鲁迅先生则把勤奋工作、为民请命的人称誉为中华民族的脊梁。春秋战国时鲁国的乡间谋士曹刿（这是一位奇人）以“位卑未敢忘忧国”的胸襟要求参政国家大是，力主与国君同乘一辆战车共同指挥事关国家存亡的重大战役，最终在曹刿正确的战略思想与作战方法指挥下，弱小的鲁国战胜了来犯的齐国，成为历史上以弱胜强的著名战例。等等。倘若用这些名人的言行来鉴析童禅福同志的勤学善思、敢于有梦有为，我们就能清晰感悟到他的思想光芒和人格魅力。他是我认识的一位常怀国家忧患之思、常念人民之托的不凡的淳安之子。

在这位不凡的淳安之子身上，我们得到哪些感悟与启迪呢？

其一，传承文献名邦要付诸行动，要与时俱进打造新时代的文化产品。2012 年春节前我曾赴千岛湖参观邵华泽先生的书法摄影展，看到邵老的辉煌成就为家乡赢得了不少荣耀，就产生了一种感慨，即淳安的文献名邦历史谁人来续写？我想，淳安素有的“文献名邦”之誉为淳安的后代子孙带来了无上的荣耀与自豪，倘若没有现代的传承者，也没有现代文化建设的举措，致使后继乏人，那么这种荣耀与自豪随着年代的流逝也会逐渐淡去，后辈人谈起自己故土也就不那么自豪了。而邵老用自己的行动、用自己的文化产品回答了这个问题。为此，我专门写了《从邵老身上想到的……》一文，发表在《今日千岛湖》上。如今看到童禅福同志这样斐然成章的大部头著作诞生，我即感到这是淳安“文献名邦”文化这根藤上结出的硕果！淳安近年来，邵老撑起了淳安文化在全国的一面大旗，在这面大旗的挥动下，淳安文化、教育、科技界均产生了许多优秀的人物。笔者在《坚定文化自信　传承文献名邦——谈一谈传承文献名邦的话题》（载于 2017 年 6 月 30 日《今日千岛湖》）中对“文献名邦”的内涵做了粗浅的诠释，并对涌现出来的各行名人做了较为详细的点赞。令我们欣喜的还有，邵老从全国最大的党报《人民日报》社长位置退下后，今又有淳安籍的人登上了副总编的位置。这值得淳安人民庆幸。

其二，关心国家大事匹夫有责，要成为有梦、追梦人的座右铭。童禅福同志是一个敢于有梦、勇于追梦的人。20 世纪 90 年代初，童禅福同志接受了邵老交付他的要写新安江水库大移民、反映移民的艰难生活的任务后，他就下定决心要为淳安的父老乡亲代言，向党中央反映移民的真实情况。诚如他自己所说的："记下父辈们的悲壮，一直是我这个淳安游子的夙愿。"为了完成这个夙愿，于是"上京入沪下江西，奔皖访淳去丽水，高端访谈，乡村串门，历经千辛万苦，行程 2 万多里，跨越浙赣皖 3 省 8 市（地），走访 32 个县的近 200 个移民村，踏进了 1000 多户散落各地的新安江水库移民家的门槛"，记录了大量新安江水库移民的真人真事，历经 20 多年磨难，终于编著了"一部有历史价值和现实价值的难得的好作品"（原浙江省委书记李泽民的话）。这就是他筑梦、追梦、圆梦的过程。第三部书《走进新时代的乡村振兴道路——中国"三农"调查》出版了，为了与读者沟通，他写了《我为什么要写中国"三农"调查》一文。文中写道："'三农'兴衰，匹夫有责。我要为 9 亿农民去呼唤，要为党中央去分忧。"这就是他筑梦、追梦的缘由。

其三，要成就一件大事，必须拥有坚忍不拔的精神，必须有坚定不移的努力志向。《我为什么要写中国"三农"调查》一文中有这样一段文字："我写的调查报告，特别是这本中国'三农'大调查，30 多万字呀！老花眼加白内障，戴着老花镜，一手拿着放大镜，一手拿着圆珠笔，有时候甚至只是凭着感觉，一字一句在白纸上画。圆珠笔也不知道写掉多少支，反正手稿加一遍一遍求人打印的修改稿，加在一起有将近 1 米高。中国'三农'大调查才终于完稿。"读到这里，我的眼眶里不禁涌动了泪珠，完全被他这种顽强奋斗、坚忍不拔的精神所打动了。唐代大诗人李白有诗云：“天生我材必有用。”这就是说，每个人来到世上都是能派上用场的。但是派什么用场，又如何发挥人生的最大价值，这取决于一个人的志向。童禅福同志出身贫寒，他 7 岁开始放牛，9 岁上学，10 岁砍柴，14 岁时又遇上罕见的水库大移民，艰难坎坷的生活从小就磨砺了他的意志品质。大学毕业后曾为记者，曾为官，20 多年前他立志要写新安江水库大移民的报告文学，那是因为他是移民的后代，他牢记乡亲的嘱托，不忘初心。如今他坚定不移要写中国的“三农”问题，那是因为他认识到“三农”问题是实施乡村振兴战略的根本性问题，同时“三农”发展中依存的集体经济是他求学过程得以延续的靠山，他尝到了集体经济的甜头。他说：“我读书靠的是乡村里集体经济的帮扶；如果没有集体经济的帮扶，我的书是读不下去的。”因此，当他听到习近平总书记在党的十九大报告中铿锵有力地说到“壮大集体经济”的话时，他是多么兴奋啊！“志不立无可成之事”，循着他写的三部书的足迹，都可找到他的志向，找到他从志向出发而产生的正能量。

其四，乡愁、故土是永远不能忘的。我和童禅福同志经常在一起聊天，聊得最多的是淳安老百姓的事。有时他用威坪话说：“我的（di）是淳安人，淳安人就要讲淳安老百姓的故事。”童禅福同志写的文章和著作，让家乡人民“望得见山，看得见水，记得住乡愁”的情感是十分浓郁的。他曾专题写了《我爱文献名邦的故乡》，对故乡璀璨耀眼的文化用考证的数据来表述。《国家特别行动：新安江大移民》这本书处处记录着故乡的山、故乡的水和难以忘怀的“乡愁”。《走进新时代的乡村振兴道路——中国“三农”调查》这部新作，开卷就从他的出生地松崖村的土地改革写起。作者通过一位从1950年土改时担任民兵连长，1954年开始担任松崖村党支部书记一直到1984年卸任，有着30年经历的“老书记”、如今已90多岁的孙彩莲历历在目的回顾，表述了几十年来“三农”的变更，把读者的视觉拉得很近。情系故土、不忘乡愁，既是他人生路上情感的寄托，也是他创作的动力。

《走进新时代的乡村振兴道路——中国“三农”调查》一书的序言中这样写道：“一个人，哪怕是一个伟人，是人，不是神。总会有这样那样的思考，这样那样的举措，留下的是时代的印记，让人自我感悟、自我反省、自我觉醒、自我创新，这才是一个中国共产党人的一种坦荡胸怀。”我读了童禅福同志这三部“想国事、研国情、献国策”参政国是的巨著，受到的最深最难忘的启迪和教育就是：他作为一个党性很强的共产党人始终不忘初心、牢记使命，对国家大政、民生大事进行“这样那样的思考”，写出这一部那一部大作，给人留下“时代印记”，让人去感悟、反省、觉醒、创新，而后开辟出属于自己的，也是属于国家的、人民的新天地。

许汉云

本文原刊于《今日千岛湖》2018年7月14日

四　新书作者的话

2019年12月5日，中国政策科学研究会和北京大学习近平新时代中国特色社会主义生态研究院等4单位在北京主办“乡村振兴与发展农民合作社”研讨会，中央政策研究室原主任滕文生在主持会议时说：“最近我看了人民出版社出版的《走进新时代的乡村振兴道路——中国‘三农’调查》的新书，印象非常深刻，书中提出‘在习近平新时代中国特色社会主义思想指引下，建立以新集体经济为主体、多种经济成分并存的社会主义乡村新社区，是当代中国通向共同富裕的历史必然和发展趋势’的思路，这思路正契合习近平总书记在2018年9月22日中央政治局第八次集体学习时提出的乡村振兴要‘发展新型集体经济，走共同富裕道路’的‘三农’思想。这次研讨会上，专门把该书作者童禅福请来，请他做一个主旨发言。”

《走进新时代的乡村振兴道路——中国“三农”调查》序

社会发展的阶段性是历史唯物主义的基本规律和核心价值。

20世纪七八十年代中国农村全面推行的土地家庭联产承包责任制，是亿万农民的呼喊和时代的选择。

在习近平新时代中国特色社会主义思想指引下，建立以新集体经济为主体、多种经济成分并存的社会主义乡村新社区，是新时代中国通向共同富裕、历史发展的必然和趋势。

一个人，哪怕是一个伟人，是人，不是神。总会有这样那样的思考，这样那样的举措，留下的是时代的印记，而自我感悟、自我反省、自我觉醒、自我创新，体现了一个中国共产党人的坦荡胸怀。

中华人民共和国成立后，全国农民分田分地忙；土地改革结束后，很快进入互助组时期。后来，跨越了初级社、高级社，进入人民公社阶段。土地实行了集体所有、集体耕种，农民全面走上集体化的道路。党的十一届三中全会后，我党全面把握国内外发展大局，尊重农民首创精神，率先在农村发起改革，将土地家庭联产承包责任制，以磅礴之势推向全国，解决了当时9亿农民的温饱问题，并使之逐渐走上小康之路。但单家独户经营那“一亩三分承包田”后，家庭联产承包责任制受到严重挑战，部分村集体甚至出现了“空壳”现象。农村贫富差距逐渐拉开了，两极分化现象逐渐凸显。农业新型现代化推进也十分困难。我们选择了华北平原的河南、河北、天津及东南沿海的浙江等地的8村1乡和其他农村，对2种不同土地经营模式的村落经济、政治、文化进行调查剖析后，深深感到2种不同的土地经营模式必然导致截然不同的2种结果。刘庄等8村1乡走以新集体经济为主体、多种经济成分并存的社会主义乡村新社区的路，没有暴发户、没有贫困户，家家都是富裕户。

实现土地合作与联合，建立新时代以新集体经济为主体、多种经济成分并存的社会主义乡村新社区，推进了乡村“三农”的全面振兴。

“无农不稳、无工不富、无商不活”已成为我国农村发展的共识。河南省刘庄村等8村1乡的以新集体经济为主体、多种经济成分并存的社会主义乡村新社区，扬长避短地成了全省甚至全国的文明小康村。浙江省航民村靠6万元积累和6万元贷款，12万元起家，办起了印染企业，在乡镇企业改制的浪潮中，全村26家企业仍坚持集体所有、集体经营。2016年，全村集体工业产值达到124.7亿元，利润达8.21亿元，为国家创造税金5亿零5万元。河南省刘庄村的工业起步早，从双音扬声器起家，接着食品厂、造纸厂、机械厂、制药厂相继建立。到了2015年，工农业总产值超过30亿元。河北省周家庄乡实行乡村合一，村和生产组两级核算。土地一直实行集体所有、集体经营，企业全归乡集体所有。周家庄自1983年成立农工商合作社，全社农业、工业、旅游业、畜牧业、金融业全面发展，2016年工农业总产值达到10.74亿元，创造税金2960万元。浙江省滕头村建起了1000亩规模的工业园，2016年全村实现社会总产值93.47亿元，荣获“世界十佳和谐乡村”称号。浙江省方林村依靠紧靠城市的优势，村集体工业、商业、农业一起上，2016年，仅千人的村，村工农业总值达到了10.5亿元，纯利润超过7800万元。地处国家级贫困县的河北省周台子村也是依靠村集体经济脱贫、致富。浙江省花园村经济三大跨越中，面对一无所有的村集体经济，村党委书记在“小家”富后，不忘“大家”的落后，奉献、奉献、再奉献，投资、投资、再投资。2016年，村集体固定资产达到了15.13亿元。近3年，集体经济收入每年接近2亿元，这来之于民的钱，仅2016年一年用之于民的人均资金就接近4万元。全村变成了一个“大花园”，成为4A级旅游景区。天津市王兰庄村依托天津市的区位优势，一产转二产，二产转三产，形成了一个以钢铁、化工、仓储、物流、大型商业并举的多元化企业集团，村集体拥有固定资产超过60亿元，全面迈入福利型的新型乡村新社区。天津市郭家沟村的农家院推进旅游产业发展，不到200人的小山村，2016年，郭家沟村旅游农家院收入达到3079.95万元，2017年农民人均纯收入超过7.5万元。

“合作与联合”，如何合作？如何联合？8 村 1 乡实现土地紧密一体化的联合与合作，他们成功了，但 2017 年我见到的 2 件事发人深省：2 月 13 日，《浙江日报》头版在“改革攻坚看浙江”栏目下的《杭州西湖区 9500 亩的土地流转》报道中说：“为告别土地利用低、小、散，发展规模化、标准化、品牌化的现代农业，西湖区春节后打响了土地流转‘攻坚战’。2 月 3 日，该区动员灵山村、杭富村、三阳村等 9 个村的农户，将土地经营权流转到村股份经济合作社，再集中流转到国营公司。”报道中又说：“本次集中流转价格为每亩每年 2000 元，且三年一次性付给。”这租金可不低，政策也挺优惠，但杭州市西湖区政府真正把这项土地流转工作当作了“攻坚战”来打。报道中还说：“党员干部带头，克难攻坚，春节刚过，来自区、镇、村的 300 多名党员干部，分成 9 个工作组，每个组负责一个村的签约工作。党员干部们有的约谈经营户，有的找土地承包农户谈。同时成立了国土、城管、公安等组成的法治组。”这场“攻坚战”经过 10 天的苦攻、苦战，终于将 9500 亩责任地流转合同签下了。而江西省资溪县乌石镇新月村与浙江省杭州市西湖区灵山村等 9 个村几乎同时实施土地流转工作。新月村 3600 亩山林、724.9 亩耕地实现流转，只开了一次村“两委”成员和村民代表会，全村农户就同意流转了。因为新月村是村上将承包到户的山林和土地集中起来集体入股，和江西邂逅资溪旅游开发公司联合开发新月民俗生活文化体验基地项目，所以全村 105 户 419 人都是这个基地项目的小股东，基地产生的红利，新月村民都将年年分红。而杭州市西湖区灵山开发项目是老板赚了再多的钱，灵山村等 9 个村村民们也只能得到每亩流转的租金 2000 元。村民们觉得这样做好似把这些地“卖”了，他们思想一下转不过弯来，工作肯定难做。因此政府把土地流转这项工作作为“攻坚战”来打。

刘庄等 8 村 1 乡走以新集体经济为主体、多种经济成分并存的社会主义乡村新社区道路，关键就在共享上。比如航民村每年每人仅股份分红就超过 1 万元，方林村 2016 年股份分红达到 9000 元。周台子、花园、王兰庄等村的福利实现了全覆盖，共享之后又充分体现了公平、公正、清廉。村变成乡村都市了，农业实现新型的现代化了，农民变成乡村都市的企业工人或农业工人，“三农”问题在这里得以彻底解决了。

实现土地合作与联合，建立新时代以新集体经济为主体、多种经济成分并存的社会主义乡村新社区，没有暴发户、没有贫困户，家家都是富裕户。

社会主义的核心价值观是富强、民主、文明、和谐、自由、平等、公正、法治、爱国、敬业、诚信、友善。这核心价值观 24 个字中的核心观念是“自由、平等、公正、法治”。以新集体经济为主体、多种经济成分并存的 8 村 1 乡在发展集体经济中，始终坚持平等、公正。人人实现了自我价值，人人感到自己是这个村的主人。如滕头村的“滕头三先”精神（号召群众，党员先行；号召党员，党委先行；执行党的决定，书记先行），航民村的“雷锋精神”加市场意识，周台子村的“想民、信民、为民、富民”精神，王兰庄的“清正廉洁、办事公道”和“吃喝不去，请客不到，送礼不要”的“三不”精神，郭家沟村共产党员“不像党员、不在组织、不守规矩、不起作用”的“四个坚决不做”精神，花园村的“榜样精神”（要求群众做的，党员先做到；村干部不向村里报销一分钱，不向村集体拿一分工资），周家庄乡的铁规矩精神（严禁公款吃喝，严禁铺张浪费，严禁弄虚作假），8 村 1 乡干部群众在这种思想精神引领下，群众紧紧依靠党组织，围绕各个时期的发展目标，贡献力量，贡献智慧，真正实现劲往一处使。

8 村 1 乡经济发展了，家家户户不仅有稳定增长的收入来源，也有稳定增长的集体福利，已不同程度地做到了基本保障靠集体，村民还享有养老、医疗保险，除此每月还有各种生活补贴、教育补贴、奖励、节假日福利和老人福利享受。这就是以新集体经济为主体、多种经济成分并存的社会主义乡村新社区优越性所在。在平等、公正中，8 村 1 乡虽然经济发展各不一样，但住房一律严格按照规定统一规划、统一设计、统一补贴，没有特殊化。8 村 1 乡，家家住进了新洋房。在分配上，8 村 1 乡坚持多劳多得，但有一条，干部能得的不一定完全得到。航民村党委提出“宁愿共同富裕，不要亿万富翁”，把“共同富裕”作为一切工作的出发点，对全村 26 家村办企业的负责人考核，完不成任务收入低的负责人对其采取保底措施，保留其基本年薪 72000 元。村集团公司每年按企业规模、企业效益等 4 项指标，对村企业负责人进行考核。近几年来，企业家家效益都很好，每年账上企业负责人大多可拿到 50 万元以上的年薪，有的超过 100 万元。村两委规定：村里所有在集团企业拿工资的村民、村干部，年薪不得超过 50 万元，控制全村不能出现一家暴发户。王兰庄村集体经济壮大后，全村村民全面加入天津市民一样的保障体系，仅 2016 年村上就为近千名 60 岁以上的老爷子、49 岁以上的妇女发放退休金 536.5 万元，每人每月达 1706 元。周家庄乡规定上级奖给乡干部的奖金全部上交集体，乡、队干部不得从事第二职业，不得用公款买一包烟、买一斤水果、请一次客。周台子村所在的县是国家级贫困县。2015 年，该县农民人均可支配收入只有 5565 元，而周台子村村民人均可支配收入达到 13000 多元。村党支部书记范振喜介绍说："我们村走的是以新集体经济为主体、多种经济成分并存的社会主义乡村新社区道路，虽然起步迟了，但可喜的是，我们全村没有暴发户，也没有贫困户。全村 700 户农家，农民年人均可支配收入 7000 元至 20000 元的就有 600 户以上，年人均可支配收入超 20000 元的农户不足 40 户，年人均收入 6500 元至 7000 元低收入农户也只有 60 户左右。而且我们村人均最低收入也超过全县农民人均可支配收入 1500 元以上。"

在共富共享的环境中，民心向着集体向着党，社会安定，和谐幸福，有困难通过集体都能解决，这 8 村 1 乡，几万人十多年来，没有农户上访，生活祥和，睦邻融洽，家庭和睦，社会平安。

实现土地合作与联合，建立新时代以新集体经济为主体、多种经济成分并存的社会主义乡村新社区，推进了乡村文化蓬勃兴起。

刘庄等8村1乡已是充满着现代化气息的乡村都市了。他们住的是排屋式、别墅式的新社区，这里除去老人与孩子，村民几乎全部进入村办的现代化企业，而且不同程度地吸引了大量外地就业人员。这里的就地城镇化，实行了城乡一体化，解决了当下多数“空壳村”无钱办文化、无人享受文化的问题。参与农村文化活动，本地的、外地的，老中青各层次都有，增强了农村文化的影响力、吸引力，为农村文化活动带来了勃勃生机。

坚持集体、发展集体、依靠集体、奉献集体、维护集体是8村1乡思想意识形态最突出的特征。在这种集体主义主流意识形态影响下，理想信仰积极向上，宗教信仰、宗教影响大为减弱，这里几乎无宗教问题；相反，在以农户家庭经济为主要形式的农村，就是另一番情景。

社会主义文化的建设，集体主义思想的传承，离不开教育，这8村1乡注重把素质教育和理想信仰教育紧密结合起来。8村1乡毕业的大学生，为集体所吸引，纷纷回乡就业，这些集体经济培养出的新型人才，愿意回到集体，参与集体经济社会生产管理，一方面，集体经济的发展给青年人带来实现自我价值的机会；另一方面，这里与城市无大差异的乡村都市生活也吸引着他们。航民村1996年投资2000多万元建成了综合性的文化中心。方林村 2000 年投资 1100 多万元，建起了村民学校、老年大学、老年俱乐部、图书馆、阅览室等设施为一体的文化中心。花园村投资 2 亿多元，建立了花园娱乐城。刘庄和周家庄都建立起了创业展览馆和农民艺术团，周台子村建成了全国农村实用人才培训基地，周家庄乡建立了农民文化宫。王兰庄投资 3000 多万元建起了星光老年活动中心、村图书馆、梁斌文学馆、“一二·九”运动纪念馆、青少年活动中心，村上还办起了评剧团、秧歌花会等文化娱乐场所。郭家沟村把文化建设与旅游事业结合起来，让游客和村民共享。这些文化中心、展览馆和文化宫，既是群众文化娱乐中心，也是展示社会主义理想、集体主义精神宣传教育的平台。

改革开放前，我国农村最大的问题是农民的温饱问题；改革开放后，我国农村全面推行土地家庭联产承包责任制，温饱问题很快解决了。但在那场“阳关道与独木桥”的大讨论中，全国有 80 个大队仍然坚持走集体化的道路。我们走访了坚持走以新集体经济为主体、多种经济成分并存的社会主义乡村新社区道路 60 多年的滕头、刘庄、周家庄 2 个村 1 个乡，它们走的路是成功的。我们还采访了重新抉择走以新集体经济为主体、多种经济成分并存的社会主义乡村新社区道路的航民、花园、方林、周台子、王兰庄、郭家沟 6 个村，它们走的路也是成功的。

在加速工业化、推进城镇化和城乡一体化过程中，引发出“三农”问题。农村出现了“空壳村”问题、两极分化问题、农民工问题、留守儿童问题、留守妇女问题、土地抛荒问题、土地碎片化问题和养老问题等。这些问题引起了党中央、国务院的高度重视。2016年4月29日，习近平总书记在安徽省凤阳小岗村创造性地提出“把农民土地承包经营权分为承包权和经营权，实现承包权和经营权分置并行，这是农村改革又一次制度创新”。接着，中共中央和国务院下发了一系列文件，2017年6月1日，新华社受权播发了《中共中央办公厅、国务院办公厅关于加快构建政策体系培育新型农业经营主体的意见》(以下简称《意见》)。《意见》提出：“加快形成以农户家庭经营为基础，合作与联合为纽带，社会化服务为支撑的立体式复合型现代农业经营体系。”中共中央、国务院第一次提出了建立现代农业经营体系要以“合作与联合为纽带”，这是一项伟大的创新。6月23日，习近平总书记在山西考察工作时，又提出“要以构建现代农业产业体系、经营体系为抓手，加快推进农业现代化”。在中国今天全面进入新时代，习近平总书记将加快推进农业农村现代化的时候，抓什么、怎么抓更具体化了，特别是习近平总书记在中国共产党第十九次全国代表大会上做的《决胜全面建成小康社会，夺取新时代中国特色社会主义伟大胜利》的报告中，就解决“三农”问题，向全党、全国人民发出“实施乡村振兴战略”的政治宣言，并亮出了“壮大集体经济，深化农村土地制度改革”“促进一、二、三产业融合发展，支持和鼓励农民就业创业，拓宽增收渠道”等行动纲领。

改革中出现的问题，一定要用改革的办法来解决。土地所有权、承包权、经营权三权分置后，“合作与联合”将在我国建立立体式复合型现代农业产业体系、经营体系中发挥出巨大的作用。我们也坚信，农村也一定会沿着以新集体经济为主体、多种经济成分并存的社会主义乡村新社区的道路，不忘初心、牢记使命，将农村改革进行到底。

我们坚信，在中国特色社会主义全面迈向新时代的过程中，“三农”问题将彻底告别历史，全面振兴乡村就在“明天”。

童禅福

在乡村振兴与发展农民合作社研讨会上的发言

农村承包土地经营中的问题及发展新型集体经济的意见与建议

新华社在上个月26日播报的《中共中央、国务院关于保持土地承包关系稳定并长久不变的意见》中指出：“坚持农村土地农民集体所有，确保集体经济组织成员平等享有土地权益，不断探索具体实现形式。”又指出：“积极探索并不断丰富集体所有，家庭承包经营具体实现形式，不断推进农村基本经营制度完善和发展。”还指出：“且群众普遍要求调地的村组做出适当的调整。”等等，还有很多新提法。在这里，我就当前有关农村承包土地经营中的问题及习近平总书记提出“发展新型集体经济，走共同富裕道路”的重要论述谈点想法与建议。

我来自农村，大学学农，一直关注“三农”问题。我曾走访了近千个村庄，踏进了近万户农家，经历近50年对“三农”的观察、思考。去年，人民出版社出版了我采写调研的《走进新时代的乡村振兴道路——中国“三农”调查》一书，书中对农民们对土地从“大呼隆”生产中的不珍惜，到承包责任制初期的爱地如命，直至如今农民们对土地的情感又逐渐淡去的3

个过程进行剖析研究，认为当前农村土地经营中出现的新问题新情况必须引起高层的高度重视，单家独户、单干经营“一亩三分地”模式的路越走越窄。广大农民呼吁：共同富裕必须实行土地新的合作与联合，以经济合作社的组织模式，走以新型集体经济为主体、多种经济成分并存的社会主义乡村新社区道路。这样乡村才会振兴，否则难以解决当前越来越突出的“三农”问题。

农村土地经营中出现的新情况

一、土地流转难，农民经济合作社大多形同虚设。《人民日报》11 月 26 日报道：全国现在已经有 44.77 万家农民合作社被清理整顿掉了。从今年 6 月起，全国农民合作社数量减少的省份还在逐月增多。我曾采访调查了浙江省兰溪市永昌街道下孟塘蔬菜合作社的蔬菜基地，这基地是兰溪市的样板基地。2005 年成立合作社时，只有 33 户，现在发展到 1300 多户、18702 亩的规模，但蔬菜还是靠单家独户在自家承包地种植。实际上这蔬菜合作社也只是实行了统一规划、统一经销、统一管理，不是真正意义上的土地流转式的大农业基地。据调查，当前农村大量的农民合作社流于形式，没有起到发展新型集体经济、走共同富裕道路的实质性作用。据河南省洛阳市一份内部调研报告披露：洛阳市 2983 个行政村，集体年均收入达到 5 万元以上的仅有 347 个，集体经济年均 5 万元以下达到 2636

个（其中村集体经济一年几乎没有一分钱收入的有1701个，占全市行政村总数的57%）。整个洛宁县388个行政村，2016年集体经济收入仅有154.6万元，村均集体收入只有3945元。嵩山县村级债务达到11953.6万元，平均每村37.59万元。据调查，江西省抚州市百分之七八十的行政村集体经济年收入为零。崇仁县郭圩乡党委书记崔华玲在谈起农民合作社时说："只有村'两委'集体组织办起综合性农民合作社，集体经济才会壮大。村上某个大户或城里人投资来办的专业合作社，只是开辟了一条个人致富发财的道路。"

中共中央政策研究室原主任滕文生(左)在座谈会前专门会见童禅福同志
樊国安/摄

二、土地宁愿抛荒，也不肯流转。在浙江丽水、金华、衢州等山区调研发现，前几年，农村利用承包土地违章建房之事常有发生，农保地抛荒也随处可见。开化县华埠镇联盟村党支部书记说："我们村1263人，外出打工的将近300人，全村924亩农保田，只有一半左右的田种粮保口粮，其余的田几乎年年抛荒，现在不少农保田里的野生的树都长得碗口粗了。"在兰溪市农村调研发现，土地流转大量用于渔场养殖业，真正

童禅福同志做主旨发言　　　　樊国安/摄

进入粮棉种植业的土地很少。从政府的层面看，2009 年兰溪市政府就号召各地粮食作物种植要实现土地流转，并下文规定：土地流转 5 年以上的流出户，政府每亩每年补贴 100 元；15 年以上的，政府每亩每年补贴 200 元。政府号召的力度可谓不小，但兰溪市土地流转总量却在缩小。近 6 年兰溪市共流转承包种粮土地 47434 亩。到 2014 年，全市流转土地种粮面积缩小到 17376 亩，将近 3 万亩种粮流转土地退流了。流转面积只占全市 2014 年粮食种植面积 34.6 万亩的 5.02%。自 2014 年土地流转补贴政策取消后，粮棉土地流转就更难了。到 2017 年底，全市流转面积包括鱼塘苗木也只有 5520 亩。

三、死人“种”着地，活人无田耕。在开化县联盟村还听到这么一件令人费解的事：联盟村的黄金发，1982 年生产队实行土地家庭联产承包责任制时，他有 5 个儿子，还有母亲和他的妻子，当时家中 8 个人参加“分田分地”，搞生产责任制。

生产队里不论男女老少，每人6分土地，他全家向生产队承包了4.8亩地（田）、120亩山。联盟村“两委”坚决贯彻土地承包长期不变的政策。到了2016年底，黄金发家已是一个大家庭了，全家已达19个人，但他家还是35年前承包的那4.8亩地（田）和120亩山。其中有3个儿子，他们的小家庭每家4个人，一年每家只能耕种可怜的6分承包地（田）。

同村的郑功明，1982年生产队土地承包开始时，他父母连同他2个姐姐3个妹妹和自己妻子及小孩共10个人，他家承包了生产队里6亩田（地）和200亩山林。35年过去了，姐姐、妹妹都出嫁了，儿子参军，父母谢世了，自己也考上了公务员，农村户变成居民户了，郑功明的农村户口本上只有他夫人雷美英一个人，于是郑功明一家里雷美英一个人就享受了联盟村200亩山林和6亩田（地）的承包权和经营权。

同一个村，同一个生产组的黄金发和郑功明，黄金发一家19人耕种4.8亩田（地），郑功明一家一个人却耕种6亩田（地）。难怪有人戏称现在农村许多地方是“死人‘种’着地，活人无田耕”。

四、土地继续碎片化，农业难推现代化。在常山县调研时，白石镇新移村党支部书记说：“承包土地保持稳定，长期不变。实际上，土地只要是集体所有，村‘两委’就有权调整，否则如何体现公正、公平？”常山县五里村老会计冲着我说：“黄衢三条高速公路从我村通过，村上一半土地被国家征用了。生不增，死不减，承包土地长期不变，我们村近一半农民已无地可耕，成了农村的失地农民。因此，承包土地一定得变。”农村当前土地碎片化问题也很严重。对江西省抚州市金溪县的调查显示，该县1439个村小组中，土地承包经营30年以上长期稳定不变的村小组有141个，仅占9.8%；10—29年未变的有146个，也只占10.2%。两者共287个，占19.94%。9年及以下频繁调地的有1152个，占80.06%，这些村都是随农户人口增减，三五年一调。金溪县原农业局党组书记说："在土地承包中，我县农村各村小组依据土地状况一般将其划成3—5个等级，分户分等抓阄。一个家庭几亩承包地分在三四处，集体一垅地分给好几家，有的一丘大田被分割成几个小块。这种土地碎片化的情况，随着频繁调地，愈加严重，从而引发了生产现代化与土地碎片化的矛盾。”据了解，这些承包用地使用期短的情况在江西省抚州市和其他市县都存在。

江西许多地方的土地承包户都没有领到农村土地承包经营证。究其原因，红本本上记载的是1982年土地承包到户的田块方位和田块大小、数量，现在三五年土地调整一次，地块内容早已变更，所以本上记载与当前土地承包户土地位置不符、土地数量不符，政府怕留下法律纠纷的后遗症，所以现在农村土地承包经营证的大红本本都留在乡政府的柜子里。

发展集体经济的意见与建议

农村承包土地经营中的问题主要有2种：第一种是土地流

转租金低，农民土地流出户只能收到土地的原始价值，承租人种养业甚至一、二、三产业融合发展经营产生的高产值、高利润，以及土地全产业链增值收益部分，土地承包户无权享受，全部被外来或当地土地流转的经营人享受了，这就使得大多数土地承包户不愿把土地流转出去。另一种情况是土地流转租金高，承租人不愿接手。据报道，安徽省小岗村在实行土地流转中，由于少数农户作梗，土地流转租金一升再升，最后 12 个村民组 329 户村民的 4300 亩土地以每年每亩 900 元的租金流转到新成立的小岗创发公司。2016 年这批流转土地出现大批抛荒的现象，抛荒土地的租金只得由村委会支付，2016 年 9 月安徽农垦集团无奈接手了这批农田。

2017 年我见到的 2 件事发人深省：2 月 13 日，《浙江日报》头版“改革攻坚看浙江”栏目下的《杭州西湖区 9500 亩的土地流转》一文中说：“为告别土地利用低、小、散，发展规模化、标准化、品牌化的现代农业，西湖区春节后打响了土地流转‘攻坚战’。2 月 3 日，该区动员灵山村、杭富村、三阳村等 9 个村的农户，将土地经营权流转到村股份经济合作社，再集中流转到国营公司。”报道中又说：“本次集中流转价格为每亩每年 2000 元，且三年一次性付给。”这租金可不低，政策也挺优惠，但老百姓还是不愿流转。杭州市西湖区政府真把这项土地流转工作当作了“攻坚战”来打。报道中又说：“党员干部带头，克难攻坚。春节刚过，来自区、镇、村的 300 多名党员干部，分成 9 个工作组，每个组负责一个村的签约工作。

党员干部们有的约谈经营户，有的找土地承包农户谈。同时成立了国土、城管、公安等组成的法治组。”这场“攻坚战”经过 10 天的苦攻、苦战，终于将 9500 亩责任地流转合同签下了。而江西省资溪县乌石镇新月村与浙江省杭州市西湖区灵山村等 9 村几乎同时实施了土地流转工作。新月村 3600 亩山林、724.9 亩耕地实现流转，只开了一次村“两委”成员和村民代表会，全村农户就同意流转了。这是因为新月村是村上将承包到户的山林和土地集中起来，村民集体入股，和江西省邂逅资溪旅游开发有限公司联合开发新月民俗生活文化体验基地项目，全村 105 户 419 人都是这个基地项目的小股东，基地产生的红利，新月村民都年年分红。而杭州市西湖区灵山开发项目是老板赚再多的钱，灵山村等 9 个村的村民也只能得到每亩流转的租金 2000 元。他们觉得这样做好似把这些地“卖”了，农民们思想一下转不过弯来，工作肯定难做。因此政府当然要把土地流转这项工作作为“攻坚战”来打了。

调查中，从农村土地承包中的表面现象看，承包土地长期不变矛盾不少，但经常变既不符合中央规定，问题也更多；承包土地流转中困难很多，不流转则单家独户经营，农业现代化无法推进，乡村就无法振兴。土地经营如何走出困境？习近平总书记 2017 年 9 月 22 日主持中央政治局第八次集体学习时指出，要坚持农村土地集体所有制性质，发展新型集体经济，走共同富裕道路。这为解决农村土地新的经营方式而推进乡村振兴指明了方向，为此建议如下。

一、实行土地新的合作与联合，走新型集体经济道路。集体化是在土地私有化几千年之后萌发出的一种适应新时代农业现代化的新型生产模式。2017 年 6 月 1 日，党中央、国务院第一次提出了建立现代化农业经营体系要“以合作与联合为纽带”。因此建议全国每个县（市、区）可选择几个甚至一批有一心为大家谋事的带头人，并有发展潜力的特色行政村，由“两委”组织整合集体资源，实行土地集体所有、集中经营+分项分段承包，真正发挥好农民经济合作社组织的作用。引资入社，国家再给予帮助（对农业投入甚至可以采用贴息代补），从而使全村形成一个经济利益共同体，使村上的每个家庭、每个人都成为这个共同体的成员和股东。在操作上，可实施农民合作经济、农村家庭经济、农村集体经济、农民股份制经济等多种新型经济形式来发展高效农业，发展旅游事业，发展工业企业，发展流动产业，甚至金融投资等，推进一、二、三产业融合发展。在此基础上，发挥好它们的辐射效应和集聚效应。以点带面，推进新型集体经济的全面发展，逐步形成当地劳动力的“蓄水池”，走共同富裕的道路。

在实施土地合作与联合时，千万不要引进一个投资人，使其租下一大片农民的承包地和山林搞开发，避免“个别人开发，少数人发财，广大农民当看客”的路子。天津市郭家沟村 2012 年全村 204 亩耕地和 600 多亩山地流转给集体统一经营，村集体建起了北方“水乡旅游园”吸引各方游客，农家户户办起了农家院，村上 5 名大学毕业生和外出打工的全部返乡创业了。这个不到200人的小村，2017年接待游客超过20万人次，集体经济达到765.94万元，每人每年分红超过3000元，全村人均可支配收入达到7.5万元。郭家沟走以新型集体经济为主体、多种经济成分并存的共同富裕道路成功了。郭家沟所在的下营镇28个村学郭家沟，结果村村都富裕了。2016年全镇仅农家院收入就达到2.392亿元，村均达到854.3万元。

二、实行土地股份合作制，农村土地"三权"的所有者、承包者、经营者全获益。江西省抚州市副市长王成兵在担任金溪县委书记时推行了土地股份合作制，加速了土地的快速流转，收到了很好的效果。他们的做法是：农民将承包地交给村或生产组的土地股份合作社，并由合作社向农户发给股权证，设定一人一股，股份每三年或五年随社内享股人数的增减调股一次，合作社对全社土地设定等级分定租金，统一成片流转，面积可大可小，合作社每年年终对土地流转征用租金和征用补偿款等收入做一次分配。合作社每年从流转租金总收入中提取10%作为村（组）的公积金、公益金，5%作为管理费。"两金"是村（组）集体的收入，用于村（组）的公益事业和社会管理开支，管理费用于农田建设。剩余85%的收入按股分红给社员。土地经营大户过去面对的是千家万户，现在只对土地股份合作社负责，他们认为现在耕种着分成等级的成片优质土地，租金高出原来的15%也是合理的。现在金溪县已有281个村（组）采用了土地股份合作制。王成兵说："连片稳定的土地是农业现代化最基础的条件，土地规模经营是提高土地高产出的必备条件，土地股份合作社进行统一成片流转土地，彻底破解了土地碎片化困局，彻底解决了土地抛荒问题，这样有利于生产耕作和农田改造，有利于优化土地资源配置和提高生产力，有利于机械设施应用和先进技术推广，更重要的是土地集体所有，不但老百姓有了收入，也落实了集体的权益，集体也有钱为老百姓办事了，是多赢的一种好办法。”

童禅福

2019 年 12 月 5 日

童禅福深入浙江淳安农村调研。图为作者正在座谈了解农村留守老人的养老问题　　徐金才/摄

我为什么要写《中国“三农”调查》

浙江省广电集团原总编辑、省作家协会原主席程蔚东读了拙著《走进新时代的乡村振兴道路——中国“三农”调查》一书后，在读后感中写道:“人民出版社最近推出的这部30多万字的中国‘三农’调查报告，几乎涵盖了东西南北中的中华大地，这是空间；也几乎跨越了新中国的70年历史，这是时间。曾经长期担任广播记者，后又在政府领导岗位上辛劳的童禅福，年届74了，居然捧出这么一部巨著，献给中国特色社会主义走进的新时代，我是打心眼里佩服。”这是一位新闻战线上的老领导对我的肯定和鼓励，有一说一，我写这本书，是倾注了心血的。我国自20世纪土地改革以来近70年，特别是改革开放40年以来，经过艰难的探索，最终寻求到新时代乡村振兴的道路，我为之庆幸和欣喜。我写这本书也是希望为全党、全国人民实施乡村振兴战略这场烈火添一把柴。

习近平总书记在党的十九大报告部署实施乡村振兴战略中提出了深化农村土地制度改革，壮大集体经济，促进农村一、二、三产业融合发展等一系列重大决策。对于农村发展集体经济我是情有独钟的。我来自农村，对“三农”是熟悉的。中华人民共和国成立后，从土改，组织互助组、初级社、高级社、人民公社，直到土地家庭联产承包责任制，我不是直接参与者，也可谓是一个见证者。20 世纪“大跃进”前几年，是我国农业发展的兴盛期，农业生产连年增产，集体经济日益壮大。我也是这一时期的幸运者，从小学到高中，正赶上这个年代，特别是 20 世纪 60 年代，国家经济最困难时期，我家人口多，兄妹 3 人在校念书，父母重病缠身，欠生产队的钱越积越多，我考取大学的 1965 年，欠生产队的钱已超过 400 元了。在那个时期，这是个很大的数字，是乡村里的集体经济给我创造了继续读书的条件。如果不是集体的帮助，且不说我能否读到高中毕业，考取大学，成为开化县当年仅有的 7 名大学生之一，就是像 2017 年那样全县能考上 400 多名大学生，其中也不可能有我的份。因为我家当时太困难了，初中毕业或小学毕业就可能成为一个进城打工的少年打工仔了。所以我认为，土地集体所有的农业集体化制度具有独特的优越性。因此，我在聆听习近平总书记作十九大报告时，当听他讲到“壮大集体经济”几个字时，我情不自禁地鼓起了掌。

随着时代的发展，我对家庭联产承包责任制也是深有感受的。1969 年大学毕业到军垦农场劳动锻炼 18 个月后，我被分配到浙江省常山县广播站任编辑、记者。当时常山县 340 多个大队，我几乎跑遍了。那时，农业学大寨，割资本主义尾巴，每个大队把能下田干活的劳动力几乎都捆在田头。一年中，正月初二下田，一直干到大年二十八九，每个劳动者的工分只有两三分，也就是一个全劳力一天只能挣两三角钱，人越干越

读书人的精神家园

中华读书报

第1194期
2018年6月13日

CHINA READING WEEKLY

您可随时到邮局订阅
2018年中华读书报
好书指南 思想盛宴
邮发代号:1-201
单价:3.00元 全年订价:150.00元
欢迎到各地邮局订阅

http://www.gmw.cn E-mail:dushubao@263.net

我为什么要写《中国“三农”调查》

（详见5版）

社会发展的阶段性是历史唯物主义的基本规律之一。

二十世纪七八十年代的中国农村全面推行的土地家庭承包责任制是亿万农民的呼唤和时代选择。

在习近平新时代中国特色社会主义思想指引下，建立新集体经济为主体，多种经济成分并存的社会主义乡村新社区是新时代中国通向共同富裕的历史必然和发展趋势。

《中华读书报》2018 年 6 月 13 日头版报头

懒，田越种越瘦，这是一个大问题啊！正当这时，安徽省凤阳县小岗村 18 户社员立下了生死状，把生产队的土地承包到户了。从此，全国掀起了一场“阳关道与独木桥”的争论。不久，全国推行了土地家庭联产承包责任制。我下乡采访时，发现常山县五里村土地承包到户后，一年后就发生了翻天覆地的变化，我四下五里村，采写了长篇通讯《“讨饭村”翻身记》。五里村当时 461 户 1500 多人，是常山县一个大的古村落，但这里农民对土地的情感越来越淡薄，人均口粮不足 300 斤。有一年，人均口粮只有 201 斤，人均年收入也只有三四十元。还有一年，每十个工分只有 9 分钱。1978 年前后几年，每年有 1200 多人次外出讨饭，土地家庭承包到户后，人变勤土变肥。1981 年，五里村粮食总产量达到 126 万斤，比 1980 年增长 54%；人均口粮达到了 510 斤，全村无一人外出讨饭。《金华日报》把《“讨饭村”翻身记》改成《五里翻身记》。这一长篇通讯发表后引起了很大反响，时任金华地委书记厉德馨抓住了五里村这个浙江省最早实行土地家庭联产承包责任制的典型，

中华读书报 ■E-mail:dushuhxd@sina.com 瞭望 ■本版编辑：舒晓东 ■电话：010-67078087 2018年6月13日 5

我为什么要写《中国"三农"调查》

■童禅福

浙江省广电集团原总编辑、省作家协会原主席程蔚东读了拙著《走进新时代的乡村振兴道路——中国"三农"调查》一书后，在读后感中写道："人民出版社最近推出的这部三十多万字的中国'三农'调查报告，几乎涵盖了东西南北中的中华大地，这是空间，也几乎跨越了新中国的七十年历史，这是时间。曾经长期担任广播记者，后又在政府领导岗位上辛劳的童禅福，年届73了，居然捧出这么一部巨著，献给中国特色社会主义走进的新时代，我是打心眼里佩服"。这是一位新闻战线上的老领导对我的肯定和鼓励，扪心自问，我写这本书，是倾注了心血的。我国自上世纪土地改革以来近七十年，特别是启动改革开放四十年以来，经过艰难的探索，最终寻求到新时代乡村振兴的道路，我为之庆幸和欣喜。我写这本书也就是为全党、全国人民实施乡村振兴战略这场烈火添一把柴。

联合国常务副秘书长阿莎·罗斯·米基罗为奉化滕头村颁奖

《中华读书报》2018年6月13日第5版"瞭望"

●编者按

浙江省文史馆馆员童禅福新著《走进新时代的乡村振兴道路——中国"三农"调查》（以下简称《中国"三农"调查》）一书，最近由人民出版社出版。浙江省广电集团原总编辑、省作家协会原主席程蔚东这样评价它：这本书几乎涵盖了东西南北中的中华大地，这是空间；也几乎跨越了新中国的70年历史，这是时间。童禅福曾经长期担任广播记者，后走上政府领导岗位，年届73的他仍出版了这部巨著，献给中国特色社会主义的新时代。我国自上世纪土地改革以来近70年，特别是改革开放启动40年以来，经过艰难的探索，最终寻求到新时代乡村振兴的道路。作者心系故乡，情系农民，将深深的情意倾注于字里行间，为全党、全国人民实施乡村振兴战略鼓与呼。今日本报刊登童禅福的《我为什么要写<中国"三农"调查>》一文，向读者介绍《中国"三农"调查》一书，一起来领略他的"三农"情怀。

我为什么要写《中国"三农"调查》？

童禅福

《走进新时代的乡村振兴道路——中国"三农调查"》 童禅福 著 人民出版社

■ 作者简介

童禅福，1945年出生于淳安，1959年随新安江水库移民全村迁入开化。1965年毕业开化中学。1969年毕业于浙江农业大学，后调入常山县广播站、县委报道组工作，1984年调任浙江人民广播电台杭州记者站站长。曾任浙江广电厅总编室副主任，省委省政府信访局局长，省民政厅副厅长等职。现任浙江省文史馆馆员。写过近200篇调研报告，获浙江省委省政府直至中共中央、国务院领导批示、肯定100多人次。报告文学《新安江大移民》获浙江省委宣传部"五个一"工程奖，《察访中国》被省委组织部上报中央组织部参加全国党员必读教材评选。曾获全国广电系统优秀记者、浙江省劳动模范、浙江省优秀党员、全国先进工作者等光荣称号，获首届范长江新闻奖提名奖。

习近平总书记在党的十九大报告实施乡村振兴战略中提出了深化农村土地制度改革，壮大集体经济，促进农村一二三产业融合发展等一系列重大决策。

对农村发展集体经济，我是情有独钟的。我来自农村，对"三农"是熟悉的。新中国建立，土改，组织互助组，初级社，高级社，人民公社，直到土地家庭承包责任制，我不是直接参与者，也可谓是一个见证者。上世纪"大跃进"前几年，是我国农业发展的兴盛期，农业生产连年增产，集体经济日益壮大。我也是这一时期的幸运者，从小学到高中，正赶上这个年代。特别是20世纪60年代，国家经济最困难的时期，我家人口多，兄妹三人在校念书，父母重病缠身，欠生产队的钱越积越多，我考取大学的1965年，欠生产队的钱已超过400元了，在那个时期，这是一笔很大的数字。是乡村里的集体经济给我创造了继续读书的条件，如果不是集体的帮助，且不说我能否读到高中毕业、考取大学，成为开化县当年仅有的7名大学生之一，就是像2017年全县考取400多名大学生也不可能有我的份。所以我认为，土地集体所有的农业集体化制度具有独特的优越性。因此，我在聆听习近平总书记作十九大报告，当他讲到"壮大集体经济"几个字时，我情不自禁地鼓起了掌。

随着时代的发展，我对家庭承包责任制也是深有感触的。1969年，我大学毕业到军垦农场劳动锻炼18个月后，分配到常山县广播站任编辑记者。当时常山县340多个大队，我几乎跑遍了。那时，农业学大寨，割资本主义尾巴，每个大队把能下田干活的劳动力都捆在田头，一年正月初二下田，一直干到大年廿八九，每个劳动力工分只有两三分，也就是一个全劳力一天只能挣两三角钱。人越干越懒，田越种越荒，这是一个大问题啊！正当这时，安徽省凤阳县小岗村18户社员立下了生死状，把生产队的土地承包到户了。从此，全国掀起了一场阳关道与独木桥的争论。不久，全国推行了土地家庭承包责任制。

我下乡采访时，发现常山县五里村土地承包到户后，一年后就发生了翻天覆地的变化。我四下五里村，采写了长篇通讯《"讨饭村"翻身记》，五里村当时461户，1500多人，是常山县一个较大的古村落，但这里的农民对土地的情感越来越淡泊，人均口粮不足300斤。有一年，人均口粮只有201斤，人均年收入也只有三四十元。还有一年，每10个工分只有9分钱。1978年前后几年，每年有1200多人次外出讨饭。土地家庭承包到户后，人变勤地变肥，1981年，粮食总产达到126万斤，比1980年增长54%，人均口粮达到了510斤，全村无一人外出讨饭了。金华日报把《"讨饭村"翻身记》改成《五里翻身记》。这篇长篇通讯发表后引起了很大反响，时任金华地委书记厉德馨抓住五里村这个全省最早实行土地家庭承包责任制的典型，对推进金华地区直至全省的土地家庭承包责任制起到了很好的作用。我省自1982年到1983年全面推行土地家庭承包责任制后，粮食总产从1978年的1467.2万吨猛增到1984年的1817.17万吨，亩产从628公斤增加到790公斤，农民人均收入也从165元增加到466元。土地承包责任制彻底解决了农民的温饱问题，是农村治穷的一剂良方。

在加速工业化、推进城镇化和城乡一体化中，农民大量离开土地，进城打工了。到了2017年底，全国进城打工的人数达到了28652万人。农民进了城，逐步失去了对土地的热情，以家庭联产承包责任制为主要内容的小农经济已经不能进一步解放生产力、提高农业生产能力，改善农业生产条件，推进新时代农业现代化，"三农"问题也自然地由此逐渐凸显了出来，农村出现了"空壳村"问题、贫富差距问题、农民工问题、留守妇女问题、留守儿童问题、土地碎片化问题、土地抛荒和养老问题等等。

我从省政府参事转聘为浙江省文史研究馆馆员后，对乡村文化建设更加关注了，当前乡村文化建设如何？2014年底，我向省文史馆建议，是否可以开展城乡现代化进程中乡村文化发展趋势探索与研究的课题调研，文史馆同意了。从2015年开始，省文史馆专门成立了一班人马，选择了浙江省经济社会发展处于中等水平的兰溪市农村文化建设进行了系统的调研。调研组同志感到农村的集体经济发展程度决定着农村文化发展的面貌，农村的集体经济又由农村的土地经营管理模式决定着。终于，发现"三农"问题的根子在于土地的经营模式。省文史馆在完成城乡现代化进程中新农村文化发展趋势探索与思考课题，并召开了浙黔文化合作论坛后，我撰写的《历史大变局下农村新集体经济的调研报告》，在国务院参事室和中央文史馆主办的内刊《国事咨询》上加了编者按全文刊发了。

我踏上工作岗位之后，虽然岗位一变再变，但下乡采访调研走村串户的那种朴素作风始终保持着。1986年3月的一天，我到浙江省磐安县的高石溪村采访，这是一个无电、无报、无广播的山村，人均经济收入只有47.7元，每家吃返销粮。我与山民们同吃同住同劳动一个星期，回到杭州，带来了满身的跳蚤虱子。我写了《再也不能遗忘他们了》的调查报告，送到省委、省政府有关部门，报告中提出了"下山脱贫"的思路。高石溪村在政府的帮助下，家家下山脱了贫，走上了富裕路。

近50年来，我曾写过近200篇社会调查报告，多篇调查报告受到浙江省委省政府直至中共中央、国务院领导的肯定或表扬。因此，我曾获得诸多的光荣称号。近50年来，我曾下乡采访调研过近千个村庄，访问了近万户农家，对农民产生了一种特殊的感情。在高石溪村采访后，回杭州不久，我以一个共产党员的名义寄送给高石溪村所在的小学5000元钱。1998年，吉林省遭受严重洪涝灾害，我也以一个共产党员的身份，向吉林省委组织部寄去5000元钱，并建议他们把钱转送到受灾最严重的农户手里。

我的许多行为，家人不理解，特别是退休后，对"三农"的那份情，他们难以接受。亲朋好友也劝说，你现在都年过七旬了，应是在家养老、安享天伦之乐了。我也思忖：在我的事业征途上，在各个关键点上，都曾留下过值得记忆的点点滴滴，我写的《新安江大移民》在人民文学出版社出版后，获得了浙江省委宣传部"五个一"工程奖。这一辈子已不缺名也不缺钱，是该休息了。但我几十年来埋在心底的那份对"三农"的情结和热情丢弃不下。对"三农"的长期地观察、体验和思考，觉得农业、农村、农民这"三农"问题太大了，如果不解决好，大部分农民始终富不起来，社会就不会稳定，"三农"兴衰，匹夫有责。我要为6亿农民去呼唤，要为党中央去分忧。

我奔赴了浙江、江苏、安徽、河南、河北、贵州、江西和天津等省市，大江南北不少省市农村都留下了我的足迹。我选择了华北平原的河南、河北、天津和东南沿海的浙江4省市的刘庄、周台子、王兰庄、航民等8村1乡和其他农村，对两种不同土地经营模式的村落经济、政治、文化等进行了调查剖析后，我深深感到，两种不同土地经营模式导致截然不同的两种结果，在对刘庄等8村1乡土地实行集体所有、集体经营的经验总结后，我归纳出它们的三大优越性：

——实现土地合作与联合，建立新时代以新集体经济为主体、多种经济成分并存的社会主义乡村新社区，推进了乡村"三农"的全面振兴。浙江省萧山区的航民村靠6万元积累和6万元的贷款，12万元起家，办起了印染企业。在乡镇企业改制的浪潮中，全村26家企业，仍坚持集体所有，集体经营。2016年，全村集体工业产值达到124亿7000万元，利润8亿2100万元，为国家创造税金5亿零5万元。河南省新乡县的刘庄村工业起步早，从双音扬声器起家，接着食品厂、造纸厂、机械厂、制药厂相继建立。到了2015年，工农业总产值超过了30亿元。浙江省东阳市的花园村40年实现了经济的三大跨越，2016年，村民人均可支配收入达到16万元，村集体固定资产达到了15.13亿元。近三年，集体经济收入每年接近2亿元，这来之于民的钱，仅2016年一年，用之于民的人均资金就接近4万元。全村变成了一个"大花园"，成为4A旅游景区。

——实现土地合作与联合，建立新时代以新集体经济为主体、多种经济成分并存的社会主义乡村新社区，没有暴发户，没有贫困户，家家都是富裕户。如东阳花园村实行土地集体所有，承包到户，统一经营。村党委书记邵钦祥带领全村400多人富了。2004年，东阳市政府决定把花园村周边的马府、南山等9个村并入花园村。在邵钦祥带领下，并入的9个村承包到户的集体土地又实行集体经营。花园村4千多人，又家家致富了。到了2016年底，东阳市政府又把花园村周边的环龙、桥头等9个村并入花园村，这新并入的9个村承包到户的集体土地又实行了统一经营管理，农业人口也从4577人增加到9272人。

在共富共享的环境中，民心向着集体向着党，社会安定，和谐幸福，有困难通过集体都能解决，使得这8村1乡几万人十多年来，没有农户上访，生活祥和，睦邻融洽，家庭和睦，社会平安。

——实现土地合作与联合，建立新时代以新集体经济为主体、多种经济成分并存的社会主义乡村新社区，推进了乡村文化蓬勃兴起。刘庄等8村1乡已是充满着现代化气息的乡村都市了。他们住的是排屋式、别墅式的新社区，除去老人与孩子，几乎全部进入了村办的现代化企业，而且不同程度地吸引了大量的外地就业人员。这里的就地城镇化，实行了城乡一体化，解决了当下多数农村"空壳村"，无钱办文化，无人享受文化的问题。参与农村文化活动，本地的、外地的，老中青各层次都有，为农村文化的活动影响力、吸引力带来了勃勃生机。

坚持集体，发展集体，依靠集体，奉献集体，维护集体，是8村1乡思想意识形态最突出的特征。在这种集体主义主流意识形态影响下，理想信仰积极向上，宗教信仰、宗教影响大为减弱，这里几乎无宗教问题。相反，在以农户家庭经济为主要形式的农村，就是另一番情景。刘庄等8村1乡毕业的大学生，为集体所吸引，纷纷回乡就业，这些集体经济培养出的新型人才，愿意回到集体，参与集体经济社会生产管理，一方面是集体经济的发展，带给青年人实现自我价值的机会，另一方面，这里与城市无大差异的乡村都市生活也吸引着他们。村里建起了文化中心、展览馆和文化宫，它们既是群众文化娱乐中心，也是展示社会主义理想、集体主义精神，宣传教育的平台。

刘庄等8村1乡走以新集体经济为主体，多种经济成分并存的社会主义乡村新社区道路，家家富裕了，邻里和谐了，实现了"四个真正"：真正解除了农民的后顾之忧，坚定了广大农民的社会主义信仰和理想；真正实现了就地就近城镇化和城乡一体化；真正做到全村家家户户共同富裕；真正做到了物质文明、精神文明一起抓，农民群众生活过得丰富多彩。在深化农村改革中，他们走出了一条制度创新的新路。我感到，我撰写的《历史大变局下的农村新集体经济》的调研报告，虽然在《咨询国事》刊发了，但这内刊发出的声音还是太小了。那段时间，我整天在思考着……

刘庄等8村1乡虽然规模有大有小，但有一个共同点，他们都是全省（市）乃至全国的名村，有的甚至名扬世界，像滕头村是世界十佳和谐村庄。他们村的带头人都是全省（市）乃至全国的名人，有的甚至在世界上也有名望，不少村支书还是全国人大代表和党代表。习近平、李克强、江泽民、胡锦涛等党和国家领导人都曾分别到过其中的不少村，浙江的航民、滕头、花园和方林四村都曾是习近平总书记十分关切和信任的村。它们今日已实现了产业兴旺、生态宜居、乡风文明、治理有效、生活富裕的目标。这8村1乡应是我国农村广大农民兄弟向往的幸福家园。但我走过的农村，发现得并不多。我要去歌颂他们，我要去宣传他们，去全面阐述刘庄等8村1乡坚持以集体经济为主体，多种经济成分并存的社会主义乡村新社区这条道路。我要写一部书，去全面反映中国的"三农"。

经过艰难的调研，不少地方我还是一个人自费去走村串户的，我写的这部书要有明确的立场、观点，要具有强烈的自发性、借鉴性和指导性，让其有思想，有温度，有深度。在选好8村1乡9个典型，我再次逐一审读，排查，筛选，最后把全国知名度很高，但有争议的两个典型村给删掉了，近3万字的采访、写作成果也就忍痛割爱了。我再次选取了靠集体经济融入市区的天津市西青区王兰庄村和依靠青山绿水致富的天津市蓟州区郭家沟村。

春节前，我冒着严寒，赶到天津，采访结束后，返回杭州，老伴已被女儿、女婿送进医院动手术了。近两万字的两个典型就在医院陪老伴的病房里写成。特别叫苦连天的是，过去在单位时，我学了三次电脑操作都没学成，退休后吃苦了，打一个字都得求人，我写的调查报告，特别是这本《中国三农调查》，30多万字呀！老花眼加白内障，戴着老花镜，一手拿着放大镜，一手拿着圆珠笔，有时候甚至凭着感觉，一字一字在白纸上画。圆珠笔也不知道写掉多少支，反正手稿加一遍一遍求人打印的修改稿加在一起将近一米高，《中国"三农"调查》才终于杀青完稿。

习近平总书记在十九大报告中，就解决"三农"问题向全党、全国人民发出了"实施乡村振兴战略"的政治宣言，并亮出了"壮大集体经济，深化农村土地制度改革"等行动纲领，这一切正是我采写这部《中国"三农"调查》的初心。

我的初心，就是在中国农村选择一批走以集体经济为主体、多种经济成分并存的社会主义乡村新社区的典型，树立一批样板，成为全国新农村建设的旗帜，给全国农村以示范。我衷心盼望壮大集体经济，乡村早日得以振兴。

我的书稿写成了，如何去发挥最大效应，我个人的力量太单薄了。但我很自信，我要借力，借人民出版社这块国字号的金字招牌，让它向全国发声。我拿着书稿，忐忑不安地走进人民出版社的大门，人民出版社马列编辑一部主任崔继新接过书稿，粗粗翻了翻说："这是一部为乡村振兴推力的巨著。"崔继新这位有敏捷眼光的编审，当即接下了书稿，而后又说："我会积极向社领导推荐，争取尽早在我社出版。"有中国"第一社"社长之称的黄书元，社长、书记一肩挑，又是全国政协委员，是一个敢于承担责任的人。为了加快速度，黄书元社长为该书出版开设了绿色通道，超常规地特批了。之后，书名一改再改，最后在社长办公室商定书名，又是这位人民出版社的社长、书记黄书元一锤定音，确定了书的题目，并和我签下了图书出版合同，这时，我一直悬着心终于放下了。

2018年4月，《走进新时代的乡村振兴道路——中国"三农"调查》作为人民出版社的重点书推向了全国，发出了强大的声音。人民出版社对这部书的出版也十分自信，陈鹏鸣副总编辑在新书发布会上说："我社在党的十九大提出实施乡村振兴的战略不久后，出版的这部重要的'三农'著作，一定会助力我国乡村振兴战略的实现。"

终于，凭着我对"三农"的观察和认识，浓缩了我对解放以来"三农"的追寻和思考，用双脚走出了这本《走进新时代的乡村振兴道路——中国"三农"调查》。

2018年5月31日，习近平总书记主持中央政治局会议，审议通过了《乡村振兴战略规划（2018～2022年）》。我坚信，在中国特色社会主义全面迈进新时代中，"三农"问题将彻底告别历史，全面振兴乡村就在"明天"。

（本文原载《中华读书报》，此处有删节）

童禅福出版的部分作品。 资料图片

《衢州日报》2018年6月25日第6版"人文·悦读"

这对推进金华地区直至浙江省的土地家庭联产承包责任制起到了很好的作用。浙江省自 1982 年到 1983 年全面推行土地家庭承包责任制后，粮食总产量从 1978 年的 1467.2 万吨猛增到 1984 年的 1817.17 万吨，亩产也从 628 公斤增加到 790 公斤，农民人均收入也从 165 元增加到 466 元。土地承包责任制彻底解决了农民的温饱问题，是农村治穷的一剂良方。

在加速工业化、推进城镇化和城乡一体化的进程中，农民大量离开土地，进城打工了。到了 2017 年底，全国进城打工的人数达到 28652 万人。农民进了城，逐步失去了对土地的热情，以家庭联产承包责任制为主要内容的小农经济已经不能进一步解放生产力、提高农业生产能力、改善农业生产条件、推进新时代农业现代化，于是“三农”问题也自然地由此逐渐凸显，农村出现了“空壳村”问题，贫富差距问题，农民工问题，留守妇女问题，留守儿童问题，土地碎片化问题，土地抛荒和养老问题，等等。我从省政府参事转聘为浙江省文史研究馆馆员后，对乡村文化建设更加关注了。当前乡村文化建设如何？2014 年底，我向省文史研究馆建议，是否可以开展“城乡现代化进程中，乡村文化发展趋势探索与研究”的课题调研，文史研究馆同意了。从 2015 年开始，省文史研究馆专门成立了一班人马，选择了浙江省经济社会发展处于中等水平的兰溪市对其进行系统的农村文化建设调研。调研中，调研组同志感到农村的集体经济发展程度决定着农村文化发展的面貌，而土地经营管理模式决定着农村的集体经济。终于，调研组发现“三农”问题的根子在于土地的经营模式。省文史研究馆在完成“城乡现代化进程中新农村文化发展趋势探索与思考”课题，并召开了浙黔文化合作论坛后，我撰写的《历史大变局下农村新集体经济的调研报告》在国务院参事室和中央文史研究馆主办的内刊《国是咨询》上加“编者按”后全文刊发了。

作者童禅福在江西省资溪县农村调研　韩香云/摄

我踏上工作岗位后，虽然岗位一变再变，但下乡采访调研走村串户的那种朴素作风始终保持着。1986 年 3 月的一天，我到浙江省磐安县的高石溪村采访，这是一个无电、无报、无广播的山村，当时年人均经济收入只有 47.7 元，每家吃返销粮，我与山民们同吃同住同劳动一个星期，回到杭州，带了满身的跳蚤虱子。我写了《再也不能遗忘他们了》的调查报告，送到省委、省政府有关部门，报告中提出了“下山脱贫”的思路。高石溪村在政府的帮助下，家家下山脱了贫，走上了富裕路。再如 2007 年，在江西省乐平市的一次调研。那天下午 3

时许，我们来到鸬鹚渡口，人和车要过渡，船工说：“现在雨天水涨得很快，小车摆渡不安全。”经过我们的再三请求，小车上渡船了，但船工还是丢下一句话：“车子返回，渡口肯定封闭了。”那天我们采访高家镇凤凰山垦殖场后，绕道返回住地已是凌晨2时许了。近50年来，我曾写过200多篇社会调查报告，多篇调查报告受到浙江省委、省政府领导直至中共中央、国务院领导的肯定或表扬。因此我获得了全国广电系统优秀记者和全国先进工作者的光荣称号。近50年来，我曾下乡采访调研过近1000个村庄，访问了近万户农家，对农民产生了一种特殊的感情。在高石溪村采访后，回杭州不久，我以一个共产党员的名义寄送给高石溪村小学5000元钱。1998年，吉林省遭受严重洪涝灾害，我也以一个共产党员的身份向吉林省委组织部寄去5000元钱，并建议他们把钱转送到受灾最严重的农户手里。

我的许多行为，家人不理解，特别是退休后，对“三农”的那份情，他们难以接受，亲朋好友也劝说：“你现在都年过七旬了，应是在家养老，过天伦之乐的日子。”我也思忖：在我的事业征途上，在各个关键点上，都曾留下过值得记忆的点点滴滴，我写的《国家特别行动：新安江大移民》在人民文学出版社出版后，获得了浙江省委宣传部“五个一”工程奖。还曾获得首届范长江新闻奖提名奖，这一辈子已不缺名也不缺钱，是该休息了。但我几十年来埋在心底的那份对“三农”的情结和热情丢弃不下。经过对“三农”的长期观察、体验和思考，我觉得农业、农村、农民的“三农”问题太大了，如果不解决好，大部分农民始终富不起来，社会就不会稳定。“三农”兴衰，匹夫有责。我要为9亿农民去呼唤，要为党中央去分忧。从此，我奔赴浙江、江苏、安徽、河南、河北、贵州、江西和天津等省市，大江南北不少省市农村都留下了我的足迹。我选择了华北平原的河南、河北、天津和东南沿海的浙江4省市的刘庄、周台子、王兰庄、航民等8村1乡和其他农村，对2种不同土地经营模式的村落经济、政治、文化等进行了调查剖析后，我深深感到，2种不同的土地经营模式导致2种截然不同的结果，在对刘庄等8村1乡土地实行的集体所有、集体经营的经验进行总结后，我归纳出他们的三大优越性。

第一，实现土地合作与联合，建立新时代以新集体经济为主体、多种经济成分并存的社会主义乡村新社区，推进了乡村“三农”的全面振兴。浙江省萧山区航民村靠6万元积累和6万元贷款，计12万元起家，办起了印染企业，在乡镇企业改制的浪潮中，全村26家企业仍坚持集体所有、集体经营。2016年，全村集体工业产值达到124.7亿元，利润8.21亿元，为国家创造税金5亿零5万元。河南省新乡县刘庄村工业起步早，以双音扬声器起家，接着食品厂、造纸厂、机械厂、制药厂相继建立。到了2015年，工农业总产值超过了30亿元。河北省滦平县周家庄乡实行乡村合一，村和生产组二级核算。土地一直实行集体所有、集体经营，企业全归乡集体所有，自1983年成立农工商合作社，全社农业、工业、旅游业、畜牧业、金融业全面发展。2016 年工农业总产值达到 10.74 亿元，创造税金 2960 万元。浙江省宁波市奉化区滕头村建起了 1000 亩规模的工业园，2016 年，全村实现了社会总产值 93.47 亿元。浙江省台州市路桥区的方林村依靠紧靠城市的优势，村集体工业、商业、农业一起上，2016 年，仅千人的村，村工农业总值达到 10.5 亿元，纯利润超过 7800 万元。地处国家级贫困县的河北省滦平县周台子村也是依靠村集体经济脱贫致富了。浙江省东阳市花园村 40 年实现了经济的三大跨越，2016 年，村民人均可支配收入达到 16 万元，村集体固定资产达到 15.13 亿元。近 3 年，集体经济收入每年接近 2 亿元，这来之于民的钱，仅 2016 年一年，用之于民的人均资金就接近 4 万元。全村变成了一个“大花园”，成为 4A 级旅游风景区。天津市西青区王兰庄村依托天津市的区位优势，一产转二产，二产转三产，形成了一个以钢铁、化工、仓储、物流、大型商业并举的多元化企业集团，村集体拥有固定资产超过 60 亿元，全面迈入福利型的新型乡村新社区。天津市蓟州区郭家沟村通过办农家院推进了旅游产业的发展，不到 200 人的小山村，2016 年，旅游 +农家院收入达到 3079.95 万元；2017 年，农民人均纯收入超过 7.5 万元。

第二，实现土地合作与联合，建立新时代以新集体经济为主体、多种经济成分并存的社会主义乡村新社区，没有暴发户、没有贫困户，家家都是富裕户。刘庄等 8 村 1 乡经济发展了，家家户户不仅有稳定增长的收入来源，也有稳定增长的集体福利。村民已在不同程度上达到了基本保障靠集体。村民还享有养老、医疗保险，除此每月还有各种生活补贴、教育补贴、奖励、节假日福利和老人福利等。航民村每年每人仅股份分红就超过 1 万元。方林村 2016 年股份分红每人达到 9000 元。花园村实行土地集体所有，承包到户，统一经营。村党委书记邵钦祥带领全村 400 多人致富了。2004 年，东阳市政府决定把花园村周边的马府、南山等 9 个村并入花园村。在邵钦祥带领下，并入的 9 个村承包到户的集体土地又实行集体经营。花园村 4000 多人，又家家致富了。到了 2016 年底，东阳市政府又把花园村周边的环龙、桥头等 9 个村并入花园村，这新并入的 9 个村承包到户的集体土地又实行了统一经营管理，农业人口也从 4577 人增加到 9272 人。2017 年 5 月，我在花园村村委会办事大厅采访，碰上刚并入花园村的青龙社区来办养老保险的一位长者，我问："你们青龙村并入花园村，感觉怎么样?"这位长者十分欣喜地说："好，我们每月每人可以到自己所在的社区免费领取大米 30 斤、鸡蛋 2 斤、猪肉 2 斤、茶油 2 斤，还享受着每人每年医保 4000 元等 31 项村里给的福利，简直是从糠箩跳入米箩，怎么不好。"我又有意问："并村后，村上把你们的房子拆了，你们愿意吗?"这位长者又笑着说："村上实行统一规划，统一建设，统一分配，并给每户建房补助，旧房拆了住新房，这样利村利民的好事，家家乐意啊!"周台子村所在的县是国家级贫困县。2015 年该县农民人均可支配收入只有 5565 元，而周台子村村民人均可支配收入达到了 13000 多元。村党支部书记范振喜介绍说："我们村走的是以新集体经济为主体、多种经济成分并存的社会主义乡村新社区道路，虽然起步晚了，但可喜的是，全村没有一户暴发户，也没有一户贫困户，全村 700 户农家，农民年人均可支配收入 7000 元至 20000 元的就有 600 户以上，年人均可支配收入超 20000 元的农户不足 40 户，年人均收入 6500 元至 7000 元低收入农户也只有 60 户左右。而且我们村人均最低收入也超过全县农民人均可支配收入 1500 元以上。"

在共富共享的环境中，民心向着集体向着党，社会安定，和谐幸福，有困难通过集体都能解决，这使得这 8 村 1 乡几万人 10 多年来没有农户上访，生活祥和，睦邻融洽，家庭和睦，社会平安。

第三，实现土地合作与联合，建立新时代以新集体经济为主体、多种经济成分并存的社会主义乡村新社区，推进了乡村文化蓬勃兴起。刘庄等 8 村 1 乡已是充满着现代化气息的乡村都市了。他们住的是排屋式、别墅式的新社区，这里除去老人与孩子，村民几乎都进入村办的现代化企业，而且吸引了大量的外地就业人员。这里的就地城镇化，实现了城乡一体化，解决了当下多数农村"空壳村"无钱办文化、无人享受文化的问题。参与农村文化活动，本地的、外地的，老中青各层次都有，增强了农村文化的影响力、吸引力，为农村文化活动带来了勃勃生机。

坚持集体、发展集体、依靠集体、奉献集体、维护集体是

今日千岛湖　理论与实践　理论与实践　今日千岛湖

我为什么要写中国“三农”调查

《今日千岛湖》2018年6月21日第6、7版“理论与实践”

8村1乡思想意识形态最突出的特征。在这种集体主义主流意识形态影响下，理想信仰积极向上，宗教信仰、宗教影响大为减弱，这里几乎无宗教问题。相反，在以农户家庭经济为主要形式的农村，就是另一番情景。刘庄等8村1乡毕业的大学生，为集体所吸引，纷纷回乡就业，这些集体经济培养出来的新型人才，愿意回到集体，参与集体经济社会生产管理。一方面，集体经济的发展给青年人带来实现自我价值的机会；另一方面，这里与城市无大差异的乡村都市生活也吸引着他们。航民村1996年投资2000多万元建成了综合性的文化中心。方林村2000年投资1100多万元，建起了村民学校、老年大学、老年俱乐部、图书馆、阅览室等设施为一体的文化中心。花园村

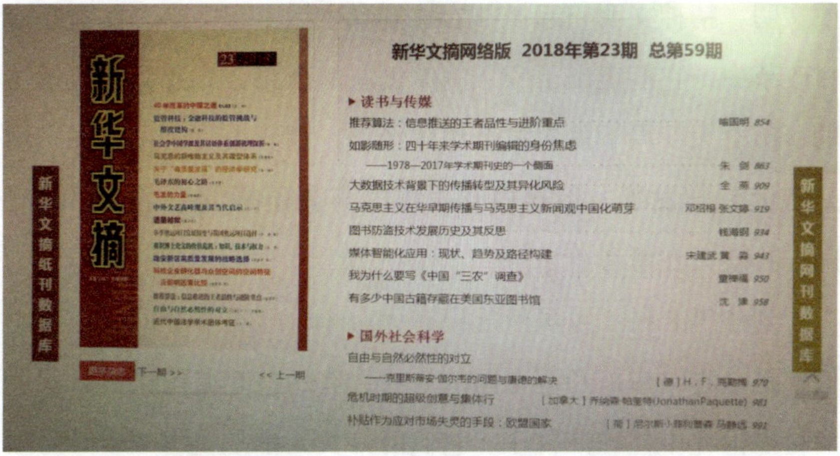

新华文摘网络版全文刊载《我为什么要写〈中国"三农"调查〉》

投资2亿多元，建立了花园娱乐城。刘庄和周家庄都建立了创业展览馆和农民艺术团，周台子村建成全国农村实用人才培训基地，周家庄乡建立了农民文化宫。王兰庄村投资3000多万元建起了星光老年活动中心、村图书馆、梁斌文学馆、"一二·九"运动纪念馆、青少年活动中心，村上还办起了评剧团、秧歌花会等文化娱乐场所。郭家沟村把文化建设与旅游事业结合起来，让游客和村民共享。

这些文化中心、展览馆和文化宫，既是群众文化娱乐中心，也是展示社会主义理想、集体主义精神宣传教育的平台。

刘庄等8村1乡走以新集体经济为主体、多种经济成分并存的社会主义乡村新社区道路，家家富裕了，邻里和谐了，并实现了4个"真正"：真正解除农民的后顾之忧，坚定了广大农民的社会主义信仰和理想；真正实现了就地就近城镇化和城乡一体化；真正做到了全村家家户户共同富裕；真正做到了物质文明、精神文明一起抓，农民群众生活丰富多彩。在深化农村改革中，它们走出了一条制度创新的新路，我感到，我撰写的《历史大变局下的农村新集体经济》调研报告，虽然在《国是咨询》刊发了，但这内刊发出的声音还是太小了。那段时间，我整天在思考着……

刘庄等 8 村 1 乡虽然规模有大有小，但有一个共同点，它们都是全省（市）乃至全国的名村，有的甚至名扬世界，像滕头村是世界十佳和谐村庄。它们的带头人都是全省（市）乃至全国的名人，有的甚至在世界上也有名望，不少村支书还是全国人大代表和党代表。如刘庄村的老书记史来贺曾是全国第三届、第四届、第五届、第六届和第七届全国人大代表，2003 年 4 月 22 日，73 岁的史来贺不幸逝世，中央组织部还发了唁电。周台子村的书记范振喜是党的十六大、十七大、十八大和十九大代表，最近，他又以“时代先锋”的形象上了中央电视台《新闻联播》。习近平、江泽民、胡锦涛、李克强等党和国家领导人都曾分别到过其中的不少村，浙江的航民、滕头、花园和方林 4 村都曾是习近平总书记十分关切和信任的村。它们今日已实现了产业兴旺、生态宜居、乡风文明、治理有效、生活富裕的目标。这 8 村 1 乡应是我国农村广大农民兄弟向往的幸福家园。当然，像刘庄等 8 村 1 乡这样的村落全国还有不少。但从我走过的农村来看，发现类似的村落并不多。我要去歌颂它们，我要去宣传它们，去全面阐述刘庄等 8 村 1 乡坚持以新集体经济为主体、多种经济成分并存的社会主义乡村新社区这条道路。我要写一部书，去全面反映中国的“三农”问题，经过艰难的调研，不少地方还是一个人自费去走村串户的，我写的这部书要有明确的立场、观点，要有强烈的启发性、借鉴性和指导性，使其有思想有温度有深度。在写好8村1乡这9个典型后，我再次逐一审读、排查、筛选，最后把全国知名度很高，但有争议的2个典型村删掉了，近3万字的采访、写作成果也就忍痛割爱了，并再次选取了靠集体经济融入市区的天津市西青区王兰庄村和依靠“绿水青山就是金山银山”致富的天津市蓟州区郭家沟村。春节前我冒着严寒，赶到天津，采访结束后，返回杭州，老伴已被女儿、女婿送进医院动手术了。近2万字的2个典型就在医院陪老伴的病房里写成。特别让我叫苦连天的是我的电脑打字水平。过去在单位时，学了3次电脑操作都没学成，退休后吃苦了，打一个字都得求人，我写的调查报告，特别是这本《走进新时代的乡村振兴道路——中国“三农”调查》，30多万字呀！老花眼加白内障，戴着老花镜，一手拿着放大镜，一手拿着圆珠笔，有时候甚至凭着感觉，一字一句在白纸上画。圆珠笔也不知道用掉多少支了，反正手稿加一遍一遍求人打印的修改稿，加在一起将近1米高，《走进新时代的乡村振兴道路——中国“三农”调查》才终于完稿。

习近平总书记在党的十九大报告中，就解决“三农”问题向全党、全国人民发出了“实施乡村振兴战略”的政治宣言，并亮出了“壮大集体经济，深化农村土地制度改革”等行动纲领，这一切正是我采写这部《走进新时代的乡村振兴道路——中国“三农”调查》的初心。

我的初心就是在中国农村选择一批走以新集体经济为主体、多种经济成分并存的社会主义乡村新社区的道路典型，树立一批榜样，使之成为全国新农村建设的旗帜，给全国农村以示范。我衷心盼望壮大集体经济，乡村早日得以振兴。

我的书稿写成了，如何去发挥最大效应，我个人的力量太单薄了，但我很自信，我要借力，借人民出版社这块国字号的金字招牌，让它向全国发声。我拿着书稿，忐忑不安地走进人民出版社的大门，人民出版社马列编辑一部主任崔继新接过书稿，粗粗翻了翻后说：“这是一部为乡村振兴推力的巨著。”崔继新这位有敏捷眼光的编审当即接下了书稿，而后又说：“我会积极向社领导推荐，争取尽早在我社出版。”有中国第一社之称的人民出版社的社长黄书元，他是社长、书记一肩挑，又是全国政协委员，他是一个敢于承担责任的人，为了加快出版速度，黄书元社长为该书出版开了绿色通道，超常规地特批了。之后，书名一改再改，最后在社长办公室商定书名，又是这位人民出版社的社长、书记黄书元一锤定音，确定了书名，并和我签下了图书出版合同。这时，我一直悬着的心终于放下了。2018 年 4 月，《走进新时代的乡村振兴道路——中国“三农”调查》作为人民出版社的重点书推向了全国，发出了强大的声音。人民出版社对这部书也十分有信心，2018 年 4 月，陈鹏鸣副总编辑在新书发布会上说：“我社在党的十九大提出实施乡村振兴战略不久出版的这部重要的‘三农’著作，一定会助力我国乡村振兴战略的实现。”

凭着我对“三农”的观察和认识，并浓缩我对中华人民共和国成立以来“三农”的追寻和思考，用“脚”跑出了这本《走进新时代的乡村振兴道路——中国“三农”调查》，我在序言开头写道：

社会发展的阶段性是历史唯物主义的基本规律之一。

20世纪七八十年代的中国农村全面推行的土地家庭承包责任制是亿万农民的呼唤和时代的选择。

在习近平新时代中国特色社会主义思想指引下，建立以新集体经济为主体、多种经济成分并存的社会主义乡村新社区，是新时代中国通向共同富裕的历史必然和发展趋势。

这也是我对我国“三农”走过的这近70年，特别是改革开放40年来历程的思考的全部释放。

2018年5月31日，习近平总书记主持中央政治局会议，审议通过了《乡村振兴战略规划（2018—2022年）》。我们坚信，在中国特色社会主义全面迈进新时代的进程中，“三农”问题将彻底告别历史，全面振兴乡村就在“明天”。

童禅福

本文原刊于《中华读书报》2018年6月13日

《新华文摘》网络版2018年第23期全文转载

后 记

我在《走进新时代的乡村振兴道路——中国“三农”调查》一书的后记中曾写下：“这部书的顺利出版得到了黄正富等诸多朋友的鼎力相助。”确实，黄正富这位浙江久旺麻世纪科技股份有限公司董事长一直关注着这部书的出版发行，并给予了极大的支持。在此，再次表示感谢。

黄正富曾担任温岭市政协第十二届、十三届委员，他十分热爱文化事业，他创立的民间书画院极大地丰富了当地农民群众的文化生活。我和黄正富相识多年，他知道我十分关注“三农”问题，一直深入农村调查研究，其中多篇调研报告得到浙江省委、省政府领导甚至中央领导的批示和重视，特别是在我有了撰写一部为9亿农民的福祉呼唤、为党中央分忧的作品的打算后，这位身在农村对“三农”颇有深情的农民企业家感叹道：“乡村不振兴，中国没出路。”在我确定《走进新时代的乡村振兴道路——中国“三农”调查》一书在人民出版社出版后，他突然萌发出一个新念头：在适当的时机拍摄一部“发展新型集体经济，走共同富裕道路”的电视政论片，这部政论片如果在电视台播出，对“三农”全面振兴将是一个大推进。我提醒他说：“你的想法固然很好，但拍摄这类电视政论片，资金投入很大，可能有风险。”他却说：“只要是为‘三农’服务的事，就是赔本，我也乐意做。”在人民出版社接受我的书稿后，黄正富对我的这部书稿更是抱有极大的兴趣和信心。从此，他在打理好企业的同时，腾出大量的时间跟随我和人民出版社第一编辑室主任崔继新、编辑孔欢一起奔赴浙江的航民、花园、方林和天津市的王兰庄体验“他们坚持集体、发展集体、奉献集体、维护集体，走共同富裕道路，没有贫困户、没有暴发户，家家都是富裕户”的样本实践。特别是2018年4月13日，在人民出版社等单位在王兰庄举行的新书发布会上，几位老总的发言更增强了黄正富这位农民企业家对投资拍摄走新型集体化道路解决“三农”问题这部电视政论片的决心和信心。

2019年12月4日，我和黄正富一同参加了由中国政策科学研究会等4单位联合召开的“乡村振兴与发展农业合作社”研讨会，他在会上以个人的名义购买了100册《走进新时代的乡村振兴道路——中国“三农”调查》，赠送给与会的专家和代表。这次会上他听了北京大学、中国社会科学院和农业农村部等单位的专家学者发言后，对我说：“你在会上的发言和你的书中‘在习近平新时代中国特色社会主义思想指引下，建立以新型集体经济为主体、多种经济成分并存的社会主义乡村新社区，是新时代中国通向共同富裕的历史必然和发展趋势’的提法太正确了，请你将书出版发行一年多来，《人民日报》等各大报刊及各大网站的报道和评介汇集成一本书，这书对当前全党全国人民实施乡村振兴战略将发挥很好的推进作用。”习近平总书记吉林考察长篇报道发表后，黄正富这位关心“三农”的农民企业家又催《我为什么要写〈中国“三农”调查〉》这部书赶快出版，我采纳了他的建议。现在这部书问世了，同时盼望黄正富的关于发展新型集体经济的电视政论片这一美好的梦想也能成真。

由于水平有限，书中观点、提法如有误，请见谅。

童禅福

2020 年 7 月 25 日